Cuaderno de
práctica adicional
GRADO 4 TEMAS 1 a 16

enVision® Matemáticas

SAVVAS
LEARNING COMPANY

ISBN-13: 978-0-13-496292-4
ISBN-10:   0-13-496292-3

5 2021

Grado 4 Temas 1 a 16

Nombre _____

Práctica adicional 1-1
Números hasta un millón

¡Revisemos!

Una tabla de valor de posición te puede ayudar a leer números más grandes. Esta tabla tiene tres períodos: millones, millares y unidades.

Según un censo reciente, en la ciudad de Boston habitan 625,087 personas. Los dígitos de 625,087 se escriben en su lugar en la tabla.

Puedes escribir el número en forma desarrollada y usando el nombre del número.

$600,000 + 20,000 + 5,000 + 80 + 7$

Seiscientos veinticinco mil ochenta y siete

1. Escribe seiscientos doce mil trescientos en la tabla de valor de posición. Luego, escribe el número en forma desarrollada.

2. Escribe cuarenta y un mil doscientos once en la tabla de valor de posición. Luego, escribe el número en forma desarrollada.

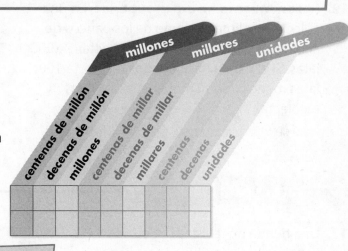

Para **3** a **5**, escribe los números en forma desarrollada.

3. 500,000

4. 64,672

5. 99,327

Para **6** a **8**, escribe el nombre de los números.

6. 92,318

7. 428,737

8. 8,216

9. Jackson tiene 5 cajas con 3 bolas de golf en cada una. Elsa le da a Jackson 2 cajas más de 3 bolas de golf. ¿Cuántas bolas de golf tiene Jackson ahora?

10. Treinta y cinco mil cuatrocientos diecisiete personas asistieron a la feria del condado. Escribe el número en forma estándar.

11. Construir argumentos El maestro le pidió a la clase que escribiera cuarenta y siete mil veintisiete. ¿Qué estudiante escribió el número correctamente? ¿Qué error cometió el otro estudiante?

Jasmine
47,027

Dennis
47,207

12. Razonamiento de orden superior En una colecta de alimentos, uno de los bancos de alimentos tiene como meta recolectar 24,000 latas. Si el banco de alimentos recolecta 100 latas menos que su meta, ¿cuántas latas recolecta?

Piensa en los valores de posición que deben cambiar.

☑ Práctica para la evaluación

13. Una tienda de revistas tiene 26,298 historietas disponibles. Selecciona todos los lugares que tienen el dígito 2 en 26,298.

☐ Unidades

☐ Decenas

☐ Centenas

☐ Millares

☐ Decenas de millar

14. Selecciona todas las opciones que sean iguales a 209,604 en forma desarrollada.

☐ 200,000 + 9,000 + 604

☐ 200,000 + 9,000 + 600 + 4

☐ 29,000 + 600 + 4

☐ 200,000 + 9,000 + 60 + 4

☐ 209,000 + 600 + 4

Nombre _____

Práctica Herramientas

Práctica adicional 1-2
Cómo se relacionan los valores de posición

¡Revisemos!

Aria ganó 13 insignias de scout en un año. El grupo entero ganó diez veces esa cantidad de insignias. ¿Cuántas insignias ganó el grupo de Aria?

$13 \times 10 = 130$

13 insignias

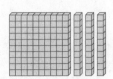

130 insignias

100 es diez veces 10, y 30 es diez veces 3.

El grupo de Aria ganó 130 insignias en total.

---

1. Escribe el valor del dígito en el lugar de las centenas y el valor del dígito en el lugar de las decenas en el número 440. ¿Cuál es la relación entre los valores de esos dos dígitos?

440

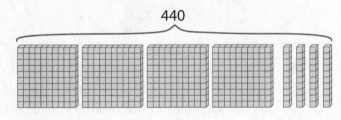

_____   _____

El valor del _____ en el lugar de las centenas es _____ veces el valor del _____ en el lugar de las _____ .

2. Escribe un número en el que el valor del 8 sea diez veces el valor del 8 en 8,304.

Para **3** a **4**, usa la relación entre los valores de los dígitos para resolver.

3. El primer día de la colecta de ropa, se recolectaron 11 chaquetas para la lluvia. Al final de la colecta, se habían recolectado 10 veces esa cantidad de chaquetas. ¿Cuántas chaquetas para la lluvia se recolectaron?

4. Después de que la colecta de ropa terminó, los voluntarios colocaron los 2,000 artículos recolectados en 10 pilas para enviar a diez refugios diferentes. ¿Cuántos artículos había en cada pila?

5. ¿Qué relación hay entre los 6 en 675,002 y 385,621?

6. Identifica el valor de cada 2 en 222,222.

Para **7** y **8**, usa la gráfica de la derecha.

7. ¿Quién vendió más vasos de limonada? ¿Quién vendió menos?

8. **Álgebra** ¿Cuántos vasos de limonada se vendieron en total? Escribe una ecuación y resuélvela.

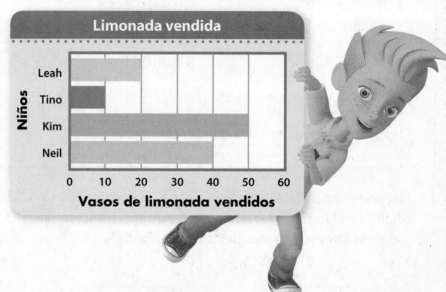

---

9. **Razonar** ¿Hay alguna diferencia en la relación entre los 7 en 7,742 y los 7 en 7,785? Explícalo.

10. **Razonamiento de orden superior** Explica con tus propias palabras la relación de valor de posición cuando dos dígitos iguales están juntos en un número de varios dígitos.

✓ **Práctica para la evaluación**

11. ¿Cuál de las siguientes opciones expresa el valor de los 5 en el número 15,573?

Ⓐ 500 y 5

Ⓑ 500 y 50

Ⓒ 5,000 y 50

Ⓓ 5,000 y 500

12. ¿En cuál de los siguientes números el valor del 6 es diez veces el valor del 6 en 162,398?

Ⓐ 465,871

Ⓑ 596,287

Ⓒ 645,010

Ⓓ 754,699

---

4   **Tema 1** │ Lección 1-2

Práctica Herramientas

Práctica adicional 1-3
Comparar números enteros

¡Revisemos!

¿Qué día es mayor la distancia entre la Luna y la Tierra, el 7 de febrero o el 5 de marzo?

¿Qué valores de posición puedes usar para comparar números?

5 de marzo
227,011 millas

7 de febrero
229,909 millas

Escribe los números alineando los lugares. Empieza por la izquierda y compáralos.

229,909
227,011

El dígito de las centenas de millar es igual en los dos números.

Sigue comparando los dígitos de izquierda a derecha.

229,909
227,011

El dígito de las decenas de millar es igual en los dos números.

El primer lugar en el que los dígitos son diferentes es el de los millares.

229,909
227,011

Compara.
9 millares > 7 millares; por tanto, 229,909 > 227,011

La distancia entre la Luna y la Tierra es mayor el 7 de febrero.

Para **1** a **8**, completa escribiendo >, = o < en cada ◯.

1. 854,376 ◯ 845,763

2. 52,789 ◯ 52,876

3. 944,321 ◯ 940,123

4. 59,536 ◯ 59,536

5. 3,125 ◯ 4,125

6. 418,218 ◯ 41,821

7. 70,000 + 2,000 ◯ 70,000 + 200

8. 34,000 + 74 ◯ 30,000 + 4,000 + 70 + 4

Para **9** a **14**, escribe el lugar que usarías para comparar los números.

9. 3,176
3,472

10. 899,451
756,451

11. 28,119
28,124

12. 94,283
96,281

13. 1,983
1,982

14. 490,165
390,264

15. Usa < o > para escribir una comparación entre 2 de las poblaciones que se muestran en la tabla.

DATOS	Población de las ciudades	
	Hauserberg	129,616
	Devinsville	128,741
	Aldea Mandel	129,788

16. 🄰🄽 **Vocabulario** Un número escrito en forma desarrollada se escribe como la suma de cada _____. Escribe 39,005 en forma desarrollada.

17. Razonar De acuerdo con el censo de 2010, el estado menos poblado es Wyoming, con 563,626 habitantes. Escribe el número que es diez mil más que 563,626.

18. Razonamiento de orden superior Celia escribe los problemas de suma que se muestran. Dice que puede saber qué suma es mayor sin tener que sumar. ¿Cómo sabe esto Celia?

19. Halla las sumas. Escribe una comparación usando >, < o =.

8,157 + 364

8,157 + 519

✅ **Práctica para la evaluación**

20. ¿Es verdadera o falsa cada comparación?

	Verdadera	Falsa
356,019 < 357,000	☐	☐
219,475 > 219,476	☐	☐
54,233 > 44,233	☐	☐

21. ¿Es verdadera o falsa cada comparación?

	Verdadera	Falsa
909,909 > 990,909	☐	☐
41,032 > 41,023	☐	☐
19,231 < 19,312	☐	☐

Nombre _____

¡Revisemos!

La población de Jacksonville, FL, en 2010 era 821,784. Redondea la población a la decena, la centena, el millar, la decena de millar y la centena de millar más cercanas.

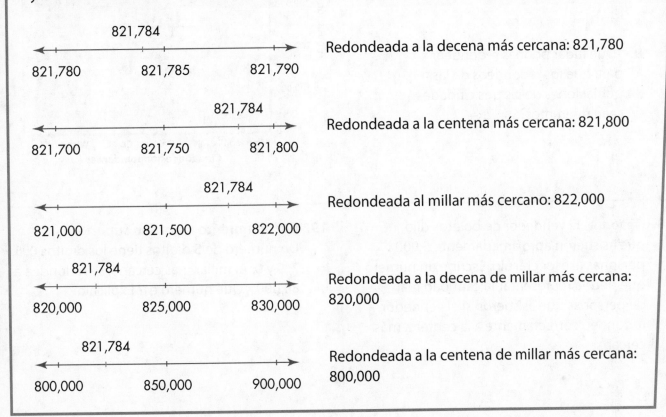

821,784

821,780   821,785   821,790

Redondeada a la decena más cercana: 821,780

821,784

821,700   821,750   821,800

Redondeada a la centena más cercana: 821,800

821,784

821,000   821,500   822,000

Redondeada al millar más cercano: 822,000

821,784

820,000   825,000   830,000

Redondeada a la decena de millar más cercana: 820,000

821,784

800,000   850,000   900,000

Redondeada a la centena de millar más cercana: 800,000

Para **1** a **16**, usa el valor de posición o una recta numérica para redondear cada número al lugar del dígito subrayado.

1. 1̲60,656

2. 1̲49,590

3. 117,8̲21

4. 7̲5,254

5. 2,42̲0

6. 900,98̲5

7. 4̲40,591

8. 20̲5,000

9. 58̲,365

10. 1,8̲76

11. 61,2̲29

12. 7̲,849

13. 8̲67,867

14. 10̲,811

15. 49,9̲51

16. 251,38̲2

17. enVision® STEM Usa los datos de la gráfica que se muestra a la derecha.

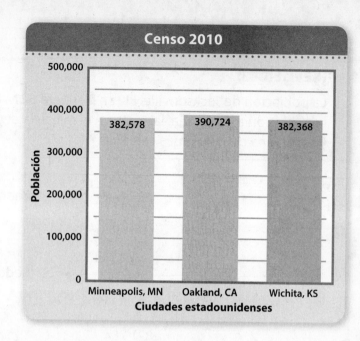

Censo 2010

a. ¿Qué lugar podrías redondear para que los redondeos de las poblaciones de las tres ciudades sean iguales?

b. ¿Qué lugar podrías redondear para que los redondeos de las poblaciones de las tres ciudades sean diferentes?

18. Razonar El vendedor de boletos dijo que asistieron aproximadamente 5,000 personas al espectáculo. Escribe un número que podría representar la cantidad real de personas que asistieron si el vendedor redondeó correctamente a la centena más cercana.

19. Razonamiento de orden superior Un número de 5 dígitos tiene los dígitos 0, 5, 7, 9 y 0. Al millar más cercano, se redondea a 80,000. ¿Qué número es? Explícalo.

☑ Práctica para la evaluación

20. Completa la tabla. Redondea los números al lugar dado.

Número	Centena	Millar	Decena de millar	Centena de millar
155,999				
399,411				
817,031				
114,712				
909,843				

Nombre _____

Práctica Herramientas

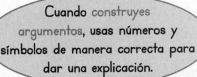

¡Revisemos!

Hace pocos años, Colorado emitió 23,301 permisos de construcción y Vermont emitió 2,296 permisos de construcción. Kyle dice que Colorado emitió aproximadamente 100 veces la cantidad de permisos que emitió Vermont.

Indica cómo construir un argumento matemático para justificar si la conjetura de Kyle es verdadera o no.

Cuando construyes argumentos, usas números y símbolos de manera correcta para dar una explicación.

- Puedo decidir si la conjetura tiene sentido.

- Puedo usar números para explicar mi razonamiento.

Construye un argumento para determinar si la conjetura de Kyle es verdadera o no.

La conjetura de Kyle no es verdadera. Redondeando a la decena de millar más cercana, Colorado emitió aproximadamente 20,000 permisos de construcción. Vermont emitió aproximadamente 2,000 permisos, redondeando al millar más cercano. Cien veces 2,000 es 200,000; por tanto, Colorado emitió aproximadamente diez veces la cantidad de permisos de construcción que emitió Vermont, no 100 veces.

Construir argumentos

Alicia dice que es más fácil comparar los números del grupo A que los del grupo B.

1. ¿De qué manera podrías construir un argumento para determinar si la conjetura de Alicia es verdadera?

	Grupo A	Grupo B
DATOS	45,760	492,111
	1,025,680	409,867

2. ¿Es verdadera la conjetura de Alicia? Justifica tu respuesta.

3. Alicia escribió una comparación sobre el grupo B usando el lugar de las decenas de millar. Explica qué estrategia pudo haber usado.

Distancias de vuelo

Chicago O'Hare es un aeropuerto internacional con mucho tráfico. El mapa muestra la distancia de vuelo desde Chicago O'Hare a varias ciudades. Luis conjeturó que la distancia de vuelo de Chicago a Estambul es igual a la distancia de vuelo de Chicago a San Pablo cuando las distancias se redondean al millar más cercano.

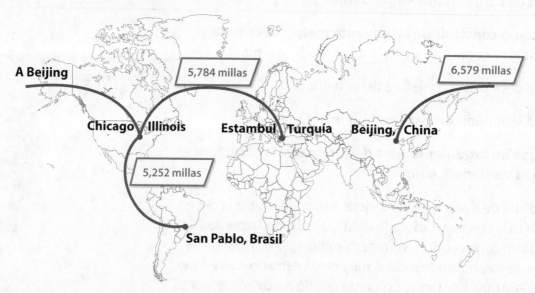

4. Construir argumentos Describe por lo menos una manera de construir un argumento para justificar la conjetura de Luis.

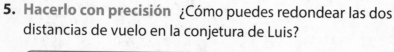

Cuando construyes argumentos, puedes usar tu conocimiento sobre el valor de posición.

5. Hacerlo con precisión ¿Cómo puedes redondear las dos distancias de vuelo en la conjetura de Luis?

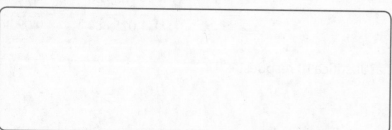

6. Razonar ¿Es verdadera la conjetura de Luis? Justifica tu respuesta.

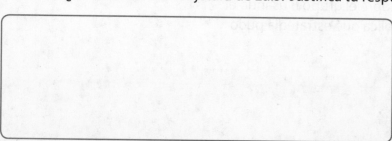

Práctica Herramientas

¡Revisemos!

Las estrategias de cálculo mental funcionan por las propiedades de las operaciones.

Estrategias para sumar

Halla $3,928 + 2,480$ usando el cálculo mental.

Formar diez

Usa la propiedad asociativa de la suma.

$$3,928 + 2,480 = (3,408 + 520) + 2,480$$
$$= 3,408 + (520 + 2,480)$$
$$= 3,408 + 3,000 = 6,408$$

Sumar

Usa la propiedad conmutativa de la suma para comenzar con cualquiera de los sumandos.

$3,928 + \mathbf{80} = 4,008$
$4,008 + \mathbf{400} = 4,408$
$4,408 + \mathbf{2,000} = 6,408$

Usar la compensación

Usa la propiedad de identidad de la suma para sumar y restar el mismo número.

$$3,928 + 2,480 = (3,928 + 72) + (2,480 - 72)$$
$$= 4,000 + 2,408 = 6,408$$

Estrategias para restar

Halla $9,125 - 7,985$ usando el cálculo mental.

Contar hacia adelante

$7,985 + 15 = 8,000$
$8,000 + 125 = 8,125$
$8,125 + 1,000 = 9,125$
Sumados $15 + 125 + 1,000 = 1,140$

Contar hacia atrás

$9,125 - 25 = 9,100$
$9,100 - 60 = 9,040$
$9,040 - 900 = 8,140$
$8,140 - 7,000 = 1,140$

Usar la compensación

$9,125 - 7,985$
$$= (9,125 + 15) - (7,985 + 15)$$
$$= 9,140 - 8,000 = 1,140$$

Para **1** a **10**, usa el cálculo mental para resolver.

1. $389 + 356$

2. $611 - 189$

3. $4,576 + 2,345$

4. $7,300 - 4,126$

5. $2,524 + 3,087 + 1,476$

6. $8,843 - 7,645$

7. $2,507 + 4,996$

8. $1,700 - 398$

9. $4,076 + 21,024$

10. $11,219 - 1,219$

11. Precisión ¿Cuál es la diferencia entre la velocidad del planeta Venus y la velocidad del planeta Marte? Explica cómo se debe usar el cálculo mental para resolver.

Velocidades de los planetas	
Planeta	**Velocidad (en millas por hora)**
Neptuno	12,253
Saturno	21,637
Marte	53,979
Venus	78,341

DATOS

12. Escribe la velocidad del planeta Saturno usando el nombre de los números.

13. Escoge una estrategia de cálculo mental y halla la diferencia entre la velocidad del planeta Neptuno y la velocidad del planeta Saturno.

14. Halla 4,290 + 3,602. Explica cómo se debe usar el cálculo mental para resolver.

15. La Sra. Simms compró 10 cajones de fideos espagueti para la cena de espagueti para recaudar fondos. Hay 8 cajas de espagueti en cada cajón. ¿Cuántas cajas de fideos compró la Sra. Simms?

16. Razonamiento de orden superior Mira el trabajo de Guy. ¿Es correcta su respuesta? ¿Qué error cometió?

El trabajo de Guy

$8,265 - 7,145$

$= (8,265 - 55)(7,145 + 55)$

$= 8,210 - 7,200$

$= 1,010$

✓ **Práctica para la evaluación**

17. Usa el cálculo mental para hallar 1,484 + 1,210.

- Ⓐ 2,694
- Ⓑ 2,704
- Ⓒ 2,784
- Ⓓ 2,794

18. Usa el cálculo mental para hallar 2,800 − 1,975.

- Ⓐ 725
- Ⓑ 775
- Ⓒ 825
- Ⓓ 875

Nombre _____

Práctica Herramientas

Práctica adicional 2-2
Estimar sumas y diferencias

¡Revisemos!

Puedes usar el redondeo para estimar sumas y diferencias.

Cuando tienes una respuesta exacta para un problema de suma o resta, puedes usar tu estimación para determinar si tu respuesta exacta es razonable.

Para estimar 64,236 + 15,542:

Redondea a la centena más cercana.

$$64,200 + 15,500 = 79,700$$

Redondea al millar más cercano.

$$64,000 + 16,000 = 80,000$$

Redondea a la decena de millar más cercana.

$$60,000 + 20,000 = 80,000$$

Para estimar 452,776 − 186,257:

Redondea al millar más cercano.

$$453,000 − 186,000 = 267,000$$

Redondea a la decena de millar más cercana.

$$450,000 − 190,000 = 260,000$$

Redondea a la centena de millar más cercana.

$$500,000 − 200,000 = 300,000$$

Práctica al nivel Para **1** a **10**, estima las sumas o diferencias.

1. $753,265 \rightarrow \boxed{}\boxed{}0,000$
   $- 419,057 \rightarrow -\boxed{}\boxed{}0,000$

2. $48,765 \rightarrow \boxed{}\boxed{},000$
   $+ 9,221 \rightarrow -\boxed{},000$

3. $7,792 \rightarrow \boxed{},000$
   $- 3,847 \rightarrow -\boxed{},000$

4. 2,189
   + 1,388

5. 9,245
   − 4,033

6. 1,000,000
   − 447,618

7. 65,327 − 14,231

8. 391,192 + 511,864

9. 8,475 + 1,329

Tu estimación puede ser diferente de la de otra persona porque ambos redondearon de manera diferente. No hay ningún problema.

10. 812,910 − 709,085

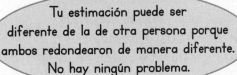

11. ¿Aproximadamente cuánto más grande que el área del océano más pequeño es el área del océano más grande?

12. Escribe el área del océano Pacífico en forma desarrollada.

Área del Océano	
Océano	**Área (en km²)**
Océano Ártico	14,090
Océano Atlántico	82,400
Océano Índico	65,527
Océano Pacífico	165,760

DATOS

---

13. **Construir argumentos** En una elección local, 138,201 personas votaron por la candidata que ganó. Si ella ganó la elección por 29,288 votos, ¿aproximadamente cuántos votos obtuvo el otro candidato? Explica cómo hacer una estimación.

14. En un fin de semana, un cine vende 74,877 boletos para una nueva película. Venden 21,243 boletos la semana siguiente y 39,643 boletos el fin de semana siguiente. ¿Aproximadamente cuántos boletos más que el primer fin de semana venden la semana siguiente y el fin de semana siguiente juntos?

---

15. ¿Es 3,540 razonable para la diferencia 9,760 − 5,220? Explícalo.

16. **Razonamiento de orden superior** El hospital esperaba recaudar $750,000 en un telemaratón. Recaudaron $398,622 el primer día y $379,873 el segundo día. ¿El hospital cumplió con su meta? Explica cómo hiciste una estimación.

☑ **Práctica para la evaluación**

17. La familia de Pau viajó en carro 1,377 millas desde Miami hasta Chicago. Luego, viajaron 1,350 millas desde Chicago hasta el Parque Nacional Yellowstone. ¿Cuál es la mejor estimación de cuántas millas viajaron en total?

   Ⓐ 1,800 millas

   Ⓑ 2,000 millas

   Ⓒ 2,200 millas

   Ⓓ 2,800 millas

18. Había 87,169 aficionados en el partido el sábado y solo 37,245 aficionados en el partido el domingo. ¿Cuál es una diferencia razonable de 87,169 − 37,245? Usa una estimación para decidir.

   Ⓐ 58,924 aficionados

   Ⓑ 49,824 aficionados

   Ⓒ 38,924 aficionados

   Ⓓ 34,824 aficionados

Nombre _____

Práctica adicional 2-3
Sumar números enteros

¡Revisemos!

Suma 137 + 145.

Paso 1

Suma las unidades.

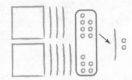

7 unidades + 5 unidades = 12 unidades

Reagrupa: 12 unidades = 1 decena + 2 unidades

$$\begin{array}{r}1\\137\\+145\\\hline 2\end{array}$$

Paso 2

Suma las decenas.

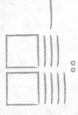

3 decenas + 4 decenas + 1 decena = 8 decenas

$$\begin{array}{r}1\\137\\+145\\\hline 82\end{array}$$

Paso 3

Suma las centenas.

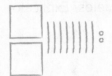

1 centena + 1 centena = 2 centenas

$$\begin{array}{r}1\\137\\+145\\\hline 282\end{array}$$

Para **1** a **12**, halla la suma.

1. 456
+ 134

2. 638
+ 257

3. 263
+ 375

4. 914
+ 435

5. 829
+ 413

6. 585
+ 387

7. 287
+ 526

8. 845
+ 178

9. 659
+ 486

10. 384
+ 491

11. 591
+ 680

12. 745
+ 557

La tabla muestra las millas que recorre un equipo de fútbol de menores de 12 años para jugar en otras ciudades. Para responder **13** y **14**, usa la tabla.

13. En octubre, el equipo viajó a Tampa y Gainesville. ¿Cuántas millas recorrieron en total?

DATOS	Ciudad	Millas (ida y vuelta)
	Daytona Beach	180
	Gainesville	142
	St. Augustine	82
	Tallahassee	334
	Tampa	396

14. Entender y perseverar En agosto, el equipo viajó a Tallahassee y St. Augustine. En septiembre, viajaron a Gainesville y Daytona Beach. ¿Qué mes viajaron más lejos? Explícalo.

15. ¿Cuántas veces debes reagrupar para sumar 873 + 465? Explícalo.

16. Razonamiento de orden superior Explica cómo hallar 398 + 257 usando el cálculo mental y el algoritmo convencional. ¿Cuál crees que es más fácil? ¿Por qué?

☑ **Práctica para la evaluación**

17. Selecciona todas las sumas que sean correctas.

- ☐ 646 + 259 = 895
- ☐ 828 + 147 = 975
- ☐ 295 + 768 = 1,063
- ☐ 388 + 375 = 753
- ☐ 952 + 484 = 1,436

18. ¿Cuál es el sumando que falta?

556 + _____ = 1,046

Ⓐ 510

Ⓑ 480

Ⓒ 490

Ⓓ 523

Nombre _____

¡Revisemos!

Puedes sumar dos o más números cuando los alineas de acuerdo al valor de posición. Suma un valor de posición a la vez.

Halla 3,456 + 2,139 + 5,547.

Haz una estimación: 3,000 + 2,000 + 6,000 = 11,000

Paso 1

Alinea los números de acuerdo a su valor de posición.

Suma las unidades.

Reagrupa si es necesario.

$$3,4\overset{2}{5}6$$
$$2,139$$
$$+\ 5,547$$
$$\overline{\hphantom{00}2}$$

Reagrupa 22 unidades en 2 decenas y 2 unidades.

Paso 2

Suma las decenas y las centenas.

Reagrupa si es necesario.

$$\overset{1\ 1\,2}{3,456}$$
$$2,139$$
$$+\ 5,547$$
$$\overline{\hphantom{0}142}$$

Mantén los números en sus columnas a medida que sumas.

Paso 3

Suma los millares.

Reagrupa las decenas de millar si es necesario.

$$\overset{1\ 1\,2}{3,456}$$
$$2,139$$
$$+\ 5,547$$
$$\overline{11,142}$$

11,142 es razonable porque está cerca de la estimación de 11,000.

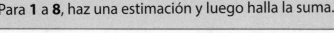

Para **1** a **8**, haz una estimación y luego halla la suma.

Para comprobar si tu respuesta es razonable, fíjate si está cerca de tu estimación.

1. 9,945
   + 3,343

2. 12,566
   + 5,532

3. 387,969
   + 562,031

4. 629,979
   294,116
   + 75,905

5. 227,418
   196,735
   + 48,062

6. 82,011
   96,489
   + 76,988

7. 126,267
   15,809
   + 8,764

8. 45,101
   35,099
   + 10,000

1. **Sentido numérico** Haz una estimación y luego suma para hallar la longitud combinada de las cuatro carreteras que aparecen en la tabla. ¿Es razonable tu respuesta? Explícalo.

Longitud de las carreteras interestatales	
Carretera interestatal	Longitud (en millas)
I-90	3,102
I-10	2,460
I-70	2,153
I-80	2,899

2. Se extenderá la carretera I-10. Medirá 3,000 millas de largo. ¿Cuanto mide de largo la extensión?

3. Una empresa de mensajería envió 38,728 cartas y 41,584 paquetes. ¿Cuántos artículos en total envió la empresa?

4. La familia Fatigato tiene dos carros. Uno cuesta $38,295 y el otro cuesta $33,187. ¿Qué carro cuesta más? Escribe una comparación.

5. **Razonamiento de orden superior** Lisa sumó 206,425 + 128,579 + 314,004. ¿El total de su suma debería ser mayor o menor que 660,000? Explícalo.

6. En una semana, Katy camina 1,750 metros y corre 1,925 metros. ¿Cuántos metros camina y corre Katy?

✓ **Práctica para la evaluación**

7. Selecciona todas las sumas que sean correctas.

   ☐ 6,384 + 5,649 = 11,923

   ☐ 8,762 + 15,409 = 24,171

   ☐ 39,719 + 27,662 = 67,381

   ☐ 74,982 + 125,637 = 200,519

   ☐ 117,875 + 19,794 = 137,669

8. Halla la suma.

   87,462
   + 19,750
   ─────────

   Ⓐ 106,112

   Ⓑ 106,212

   Ⓒ 107,912

   Ⓓ 107,212

Nombre _____

¡Revisemos!

Resta 274 − 149.

Paso 1

Resta las unidades.

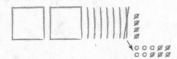

Reagrupa: 7 decenas +
4 unidades = 6 decenas +
14 unidades

14 unidades − 9 unidades =
5 unidades

$$
\begin{array}{r}
{}^{6\,14}\\
27\!\!\!/4\\
-\ 149\\
\hline
5
\end{array}
$$

Paso 2

Resta las decenas.

6 decenas − 4 decenas =
2 decenas

$$
\begin{array}{r}
{}^{6\,14}\\
27\!\!\!/4\\
-\ 149\\
\hline
25
\end{array}
$$

Paso 3

Resta las centenas.

2 centenas − 1 centena =
1 centena

$$
\begin{array}{r}
{}^{6\,14}\\
27\!\!\!/4\\
-\ 149\\
\hline
125
\end{array}
$$

Para **1** a **9**, resta. Comprueba que tu respuesta sea razonable.

Primero, estima la diferencia. Tu respuesta es razonable si está cerca de la estimación.

1.
$$
\begin{array}{r}
376\\
-\ 234\\
\hline
\end{array}
$$

2.
$$
\begin{array}{r}
538\\
-\ 267\\
\hline
\end{array}
$$

3.
$$
\begin{array}{r}
643\\
-\ 329\\
\hline
\end{array}
$$

4.
$$
\begin{array}{r}
814\\
-\ 475\\
\hline
\end{array}
$$

5.
$$
\begin{array}{r}
762\\
-\ 583\\
\hline
\end{array}
$$

6.
$$
\begin{array}{r}
975\\
-\ 788\\
\hline
\end{array}
$$

7.
$$
\begin{array}{r}
212\\
-\ 89\\
\hline
\end{array}
$$

8.
$$
\begin{array}{r}
845\\
-\ 675\\
\hline
\end{array}
$$

9.
$$
\begin{array}{r}
411\\
-\ 123\\
\hline
\end{array}
$$

De acuerdo con la Comisión para la Conservación de los Peces y la Vida Silvestre de la Florida, un barco puede recolectar un máximo de 250 langostas espinosas por día. La tabla muestra la cantidad de langostas que recolectó un barco en 4 días. Para **10** y **11**, usa la tabla.

10. ¿Cuántas langostas más que el día 4 recolectó el barco el día 1? Explica cómo debes hacer una estimación para comprobar que tu respuesta es razonable.

Día	Cantidad de langostas
1	176
2	215
3	96
4	117

DATOS

11. ¿Cuántas langostas más que el día 2 recolectó el barco los días 1 y 4 juntos? Explícalo.

---

12. ¿Por qué no hay ningún dígito en el lugar de las centenas al restar 537 − 443?

13. **Razonamiento de orden superior**
¿Cuántas veces debes reagrupar para restar 847 − 268? ¿Cómo lo sabes?

✔ **Práctica para la evaluación**

14. ¿Cuál es la diferencia?

851
− 374

Ⓐ 577

Ⓑ 483

Ⓒ 477

Ⓓ 473

15. ¿Cuál es el dígito que falta en el enunciado de resta?

| 5 | 7 | 8 | 9 |

5 2 6
− 3 ☐ 7
———
1 3 9

Nombre _____

Práctica adicional 2-6
Restar números más grandes

¡Revisemos!

Para restar números enteros con el algoritmo convencional, resta cada lugar. Comienza con las unidades y reagrupa si es necesario.

Halla 7,445 − 1,368.

Haz una estimación: 7,000 − 1,000 = 6,000.

Paso 1

$$\begin{array}{r} 7{,}4\overset{3\ 15}{\cancel{4}\cancel{5}} \\ -\ 1{,}368 \\ \hline 7 \end{array}$$

Reagrupa: 4 decenas y 5 unidades = 3 decenas y 15 unidades

Resta 8 unidades de las 15 unidades que tienes ahora.

Paso 2

$$\begin{array}{r} 7{,}\overset{3\ \overset{13}{\cancel{3}}\ 15}{\cancel{4}\cancel{4}\cancel{5}} \\ -\ 1{,}368 \\ \hline 77 \end{array}$$

Reagrupa: 4 decenas y 3 decenas = 3 decenas y 13 decenas

Resta 6 decenas de las 13 decenas que tienes ahora.

Paso 3

$$\begin{array}{r} 7{,}\overset{3\ \overset{13}{\cancel{3}}\ 15}{\cancel{4}\cancel{4}\cancel{5}} \\ -\ 1{,}368 \\ \hline 077 \end{array}$$

Resta 3 centenas de 3 centenas.

Paso 4

$$\begin{array}{r} 7{,}\overset{3\ \overset{13}{\cancel{3}}\ 15}{\cancel{4}\cancel{4}\cancel{5}} \\ -\ 1{,}368 \\ \hline 6{,}077 \end{array}$$

Resta 1 millar de 7 millares.

Comprueba que sea razonable: La diferencia 6,077 es razonable porque está cerca de la estimación de 6,000.

Para **1** a **8**, halla las diferencias. Haz una estimación para comprobar si tu respuesta es razonable.

1. 8,737
− 6,754

2. 411,765
− 402,120

3. 43,429
− 17,101

4. 952,746
− 184,524

5. 17,863
− 3,747

6. 513,363
− 382,895

7. 4,226
− 2,958

8. 67,451
− 29,609

9. La meta del Club Ambiental es recolectar 9,525 latas en cuatro meses. ¿Cómo puedes hallar la cantidad de latas que el club necesita recolectar en septiembre para alcanzar su meta? ¿Cuántas latas más necesitan?

Mes	Latas recolectadas
Junio	1,898
Julio	2,643
Agosto	2,287

DATOS

10. El podómetro de Naima registró 43,498 pasos en una semana. Su meta es caminar 88,942 pasos. ¿Cuántos pasos más necesita Naima para alcanzar su meta?

11. **Evaluar el razonamiento** Mitch escribió la siguiente resta. ¿Qué error cometió? ¿Cuál es la respuesta correcta?

$$\begin{array}{r} 657,392 \\ -\ 434,597 \\ \hline 222,895 \end{array}$$

12. Compara los valores de los números 2 y los números 5 en 55,220.

13. **Razonamiento de orden superior** Halla 542 − 399 usando el algoritmo convencional y otro método. ¿Qué método prefieres? Explica por qué.

✓ **Práctica para la evaluación**

14. ¿Cuál es el dígito que falta en el enunciado de resta?

$$\begin{array}{r} 8,2\ 5\ 4 \\ -\ 3,\square\ 7\ 6 \\ \hline 4,6\ 7\ 8 \end{array}$$

ⓐ 4
ⓒ 6
ⓑ 5
ⓓ 7

15. ¿Cuál es la diferencia de 25,348 − 12,564?

ⓐ 12,748
ⓑ 12,784
ⓒ 12,224
ⓓ 2,784

Nombre _____

¡Revisemos!

Halla 700,402 − 297,354.

Haz una estimación: 700,000 − 300,000 = 400,000

Paso 1

Reagrupa

$$\begin{array}{r} {\scriptstyle 3\ 10\,12} \\ 700{,}4\cancel{0}\cancel{2} \\ -\ 297{,}354 \\ \hline \end{array}$$

4 centenas =
3 centenas +
10 decenas

10 decenas +
2 unidades =
9 decenas +
12 unidades

Paso 2

Resta

$$\begin{array}{r} {\scriptstyle 3\ 10\,12} \\ 700{,}4\cancel{0}\cancel{2} \\ -\ 297{,}354 \\ \hline 048 \end{array}$$

12 − 4 =
8 unidades

90 − 50 = 40 =
4 decenas

300 − 300 =
0 centenas

Paso 3

Reagrupa

$$\begin{array}{r} {\scriptstyle 6\ 10\,10\ \ 3\ 10\,12} \\ \cancel{7}00{,}4\cancel{0}\cancel{2} \\ -\ 297{,}354 \\ \hline 048 \end{array}$$

7 centenas de millar =
6 centenas de millar +
10 decenas de millar

10 decenas de millar =
9 decenas de millar +
10 millares

Paso 4

Resta

$$\begin{array}{r} {\scriptstyle 6\ 10\,10\ \ 3\ 10\,12} \\ \cancel{7}00{,}4\cancel{0}\cancel{2} \\ -\ 297{,}354 \\ \hline 403{,}048 \end{array}$$

10,000 − 7,000 =
3 millares

90,000 − 90,000 =
0 decenas de millar

600,000 − 200,000 =
4 centenas de millar

La diferencia 403,048 es razonable porque está cerca de la estimación de 400,000.

Para **1** a **12**, resta.

1.   61,070
     − 4,981

2.   5,000
     − 2,058

3.   815,950
     − 423,147

4.   90,800
     − 37,638

5.   102,604
     −   6,174

6.   22,700
     − 20,487

7.   40,000
     − 29,526

8.   600,470
     − 307,299

9. 8,106 − 2,999

10. 214,507 − 83,569

11. 10,400 − 6,392

12. 45,500 − 9,450

13. Ester resta 9,405 de 11,000 y obtiene 3,595. ¿Es razonable la respuesta de Ester? Explícalo.

14. Un distrito de parques organiza una colecta de donaciones durante 4 fines de semana en los que varios equipos nadan largos de piscina para recolectar fondos. La meta del distrito es 40,000 largos. En los primeros 3 fines de semana, los equipos logran nadar 8,597 largos, 11,065 largos y 9,211 largos. ¿Cuántos largos más deberán nadar el cuarto fin de semana para alcanzar la meta propuesta?

15. La población de una ciudad es 332,054 personas. 168,278 personas tienen menos de 18 años. ¿Cuántas personas tienen 18 años o más?

16. **Razonamiento de orden superior** Blaine restó 342,139 de 601,800. ¿Es correcta la respuesta de Blaine? Si no lo es, explica por qué y escribe la respuesta correcta.

$$\begin{array}{r} 601,800 \\ -\ 342,139 \\ \hline 359,661 \end{array}$$

17. ¿Cuánto más largo que los ríos Tunguska Inferior y Ganges juntos es el río Amazonas? Explícalo.

DATOS

Ríos del mundo	
Río	Longitud (kilómetros)
Nilo	6,650
Tunguska Inferior	2,989
Senegal	1,641
Ganges	2,620
Amazonas	6,400

☑ **Práctica para la evaluación**

18. Selecciona todas las diferencias que sean correctas.

- ☐ $7,000 - 4,238 = 2,762$
- ☐ $20,400 - 9,280 = 10,120$
- ☐ $72,004 - 28,376 = 43,628$
- ☐ $82,000 - 47,154 = 34,846$
- ☐ $500,098 - 275,329 = 225,769$

19. Halla la diferencia.

$$\begin{array}{r} 9,000 \\ -\ 2,942 \\ \hline \end{array}$$

- Ⓐ 6,058
- Ⓑ 6,062
- Ⓒ 6,158
- Ⓓ 11,942

Práctica Herramientas

¡Revisemos!

En una semana, un granjero cultivó 3,978 manzanas rojas y 2,504 manzanas verdes. Vendió un total de 4,856 manzanas. Llevó el resto de las manzanas a la feria local. ¿Cuántas manzanas le quedaban al granjero para llevar a la feria local?

Explica cómo se usa el razonamiento cuantitativo para hallar la respuesta.

- Puedo identificar las cantidades dadas.

- Puedo dibujar diagramas para mostrar las relaciones.

- Puedo dar la respuesta usando la unidad correcta.

Cuando razonas, muestras cómo se relacionan las cantidades.

Identifica las cantidades y las relaciones que hay entre ellas para resolver el problema.

Primero, halla m, la cantidad de manzanas que cultivó el granjero.

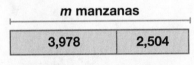

$$3,978 + 2,504 = 6,482$$

El granjero cultivó 6,482 manzanas.

Luego, halla f, la cantidad de manzanas que quedaron para la feria local.

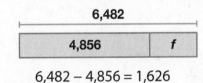

$$6,482 - 4,856 = 1,626$$

Quedaron 1,626 manzanas.

Razonar

Un censo muestra que hay 659,000 hablantes de francés haitiano en los Estados Unidos y 186,000 más hablantes de árabe que de francés haitiano. ¿Cuántos hablantes de árabe hay? Usa los Ejercicios 1 y 2 para responder a la pregunta.

1. ¿Qué cantidades se dan en el problema y qué significan esos números?

2. ¿Cómo se relacionan ambas cantidades? Completa el diagrama de barras para hallar a, la cantidad de hablantes de árabe. Escribe una ecuación y resuélvela.

a

Música

La tabla muestra cuántas veces se descargó una canción durante los primeros cuatro días que estuvo a la venta. ¿Cuántas veces más que en los días 3 y 4 combinados se descargó la canción en los días 1 y 2 combinados?

	Día	Cantidad de descargas
DATOS	1	98,273
	2	313,280
	3	106,548
	4	270,463

3. Razonar ¿Qué cantidades se dan en el problema y qué significan esos números?

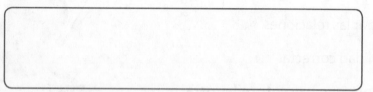

Cuando razonas, identificas las cantidades dadas y las relaciones entre ellas.

4. Entender y perseverar ¿Qué estrategia puedes usar para resolver el problema?

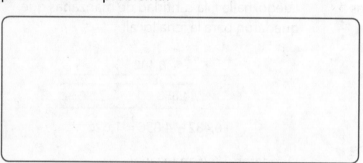

5. Representar con modelos matemáticos Completa los diagramas de barras para mostrar cómo representar las preguntas escondidas. Luego, escribe y resuelve ecuaciones.

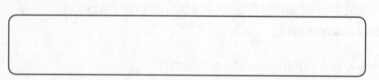

6. Representar con modelos matemáticos ¿Cuántas veces más que en los días 3 y 4 combinados se descargó la canción en los días 1 y 2 combinados? Completa el diagrama de barras y escribe y resuelve una ecuación para hallar la diferencia, *d*.

t = total de los días 1 y 2

s = total de los días 3 y 4

Nombre _____

Práctica   Herramientas

¡Revisemos!

Usa operaciones básicas y el valor de posición o la propiedad asociativa de la multiplicación para multiplicar por múltiplos de 10, 100 y 1,000.

$3 \times 70 = 3 \times 7$ decenas
$\quad = 21$ decenas
$\quad = 210$

$3 \times 700 = 3 \times 7$ centenas
$\quad = 21$ centenas
$\quad = 2,100$

$3 \times 7,000 = 3 \times 7$ millares
$\quad = 21$ millares
$\quad = 21,000$

$9 \times 50 = 9 \times (5 \times 10)$
$\quad = (9 \times 5) \times 10$
$\quad = 45 \times 10$
$\quad = 450$

$9 \times 500 = 9 \times (5 \times 100)$
$\quad = (9 \times 5) \times 100$
$\quad = 45 \times 100$
$\quad = 4,500$

$9 \times 5,000 = 9 \times (5 \times 1,000)$
$\quad = (9 \times 5) \times 1,000$
$\quad = 45 \times 1,000$
$\quad = 45,000$

Para **1** a **18**, halla los productos.

1. $8 \times 20 =$ _____
$8 \times 200 =$ _____
$8 \times 2,000 =$ _____

2. $9 \times 40 =$ _____
$9 \times 400 =$ _____
$9 \times 4,000 =$ _____

3. $3 \times 90 =$ _____
$3 \times 900 =$ _____
$3 \times 9,000 =$ _____

4. $7 \times 60 =$ _____
$7 \times 600 =$ _____
$7 \times 6,000 =$ _____

5. $5 \times 70 =$ _____
$5 \times 700 =$ _____
$5 \times 7,000 =$ _____

6. $2 \times 40 =$ _____
$2 \times 400 =$ _____
$2 \times 4,000 =$ _____

7. 3×40

8. $3,000 \times 9$

9. 80×3

10. $8,000 \times 5$

11. $8 \times 7,000$

12. 2×90

13. $3,000 \times 4$

14. $7 \times 6,000$

15. $5,000 \times 6$

16. 2×800

17. 90×8

18. $3,000 \times 6$

19. Adele tiene 6 hojas de calcomanías. Bea tiene 3 hojas de calcomanías. ¿Cuántas calcomanías tienen las dos en total?

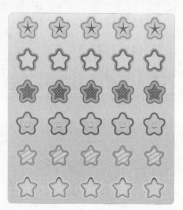

20. Álgebra La cantidad de estudiantes que asistieron al partido de básquetbol es 4 veces la cantidad de estudiantes que hay en cuarto grado. ¿Cuántos estudiantes, e, asistieron al partido de básquetbol? Escribe y resuelve una ecuación.

Población escolar	
Grado	**Cantidad de estudiantes**
Cuarto grado	50
Quinto grado	54
Sexto grado	60

DATOS

21. Jenna ha ahorrado $100. Quiere comprar 6 juegos que cuestan $20 cada uno. ¿Tiene suficiente dinero? Explica tu respuesta.

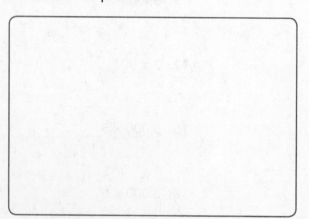

t costo total de los juegos

$20	$20	$20	$20	$20	$20

↑
costo de
cada juego

22. Razonamiento de orden superior
El Sr. Young tiene 30 veces la cantidad de lápices que tiene Jack. La escuela tiene 200 veces la cantidad de lápices que tiene Jack. Si Jack tiene 2 lápices, ¿cuántos lápices tiene el Sr. Young? ¿Cuántos lápices más que el Sr. Young tiene la escuela?

☑ **Práctica para la evaluación**

23. ¿Cuántos ceros tendrá el producto de $7 \times 5,000$?

A.

Sin calcular la respuesta, explica cómo usar la propiedad asociativa para hallar la cantidad de ceros en el producto.

B.

Sin calcular una respuesta, explica cómo usar estrategias de valor de posición para hallar la cantidad de ceros en el producto.

Nombre _____

Práctica Herramientas

Práctica adicional 3-2
Estimar productos

¡Revisemos!

Para hacer una estimación, puedes redondear números de 3 dígitos a la centena más cercana y redondear números de 4 dígitos al millar más cercano.

Usa el redondeo para estimar 7×215.

Primero, redondea 215 a la centena más cercana.

```
        215
<----|---------|---------|---->
   200       250       300
```

215 se redondea a 200.

Luego, multiplica. $7 \times 200 = 1,400$

Por tanto, 7×215 es aproximadamente 1,400.

Comprueba si $2,885 \times 4 = 11,540$ es razonable.

Primero, redondea 2,885 al millar más cercano. 2,885 se redondea a 3,000.

Luego, multiplica.
$3,000 \times 4 = 12,000$

Por tanto, $2,885 \times 4$ es aproximadamente 12,000.

11,540 es una respuesta razonable.

Para 1 a 6, estima los productos.

1. 4×279
$\downarrow$ Redondea 279 a _____.
$4 \times$ _____ = _____

2. $9 \times 4,720$
$\downarrow$ Redondea 4,720 a _____.
$9 \times$ _____ = _____

3. 8×89
$\downarrow$ Redondea 89 a _____.
$8 \times$ _____ = _____

4. 183×4

5. $3 \times 1,675$

6. $8,210 \times 2$

Para 7 a 9, haz una estimación para comprobar si la respuesta es razonable.

7. $8 \times 578 = 4,624$
$\downarrow$ Redondea 578 a _____.
$8 \times$ _____ = _____
Razonable   No es razonable.

8. $3 \times 8,230 = 2,469$
$\downarrow$ Redondea 8,230 a _____.
$3 \times$ _____ = _____
Razonable   No es razonable.

9. $7 \times 289 = 2,023$
$\downarrow$ Redondea 289 a _____.
$7 \times$ _____ = _____
Razonable   No es razonable.

En línea | SavvasRealize.com   **Tema 3** | Lección 3-2   **29**

10. (A-Z) **Vocabulario** Usa *forma desarrollada* o *nombre del número* para completar la definición.

Un número escrito como la suma del valor de sus dígitos se escribe en

_____ .

11. enVision® STEM La altitud del volcán Ojos del Salado es aproximadamente 3 veces la altitud del volcán Khangar. Si el volcán Khangar está a 6,562 pies sobre el nivel del mar, ¿cuál es la altitud aproximada del volcán Ojos del Salado?

Para **12** y **13**, usa la gráfica de la derecha.

12. Sentido numérico Estima cuántas piezas B se fabricarían en 3 meses.

13. A la fábrica le cuesta $4 fabricar cada pieza A. ¿Aproximadamente cuánto cuesta fabricar las piezas A por mes?

---

14. Razonamiento de orden superior
Un Paquete de Lujo cuesta $50 e incluye una de cada una de las fotos individuales enumeradas en la tabla. Estima cuánto dinero se ahorra al comprar un Paquete de Lujo en lugar de comprar las fotos individuales. Explícalo.

Precios de fotos individuales

8 × 10	$18
5 × 7	$14
4 × 6	$10
8 tamaño cartera	$18

DATOS

✓ **Práctica para la evaluación**

15. Shawn halló que hizo 429 pasos para ir desde su casa hasta la cancha de básquetbol. ¿Cuántos pasos son necesarios para hacer 8 viajes de ida hasta la cancha? Escoge la mejor estimación.

   Ⓐ Aproximadamente 400 pasos

   Ⓑ Aproximadamente 3,200 pasos

   Ⓒ Aproximadamente 3,400 pasos

   Ⓓ Aproximadamente 4,000 pasos

16. Una ciudad recicla 7,612 libras de papel de periódico por año. Si recicla la misma cantidad cada año, ¿aproximadamente cuántas libras se reciclarían en 7 años? Escoge la mejor estimación.

   Ⓐ Aproximadamente 4,900 libras

   Ⓑ Aproximadamente 49,000 libras

   Ⓒ Aproximadamente 56,000 libras

   Ⓓ Aproximadamente 76,000 libras

Práctica   Herramientas

¡Revisemos!

Los productos parciales se representan con el dibujo.

Halla 3 × 124.   3 × 124 es aproximadamente 3 × 100 = 300.

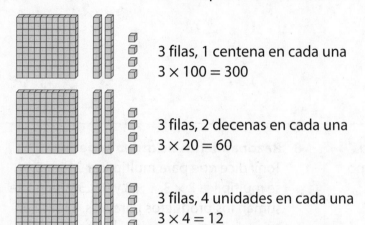

3 filas, 1 centena en cada una
3 × 100 = 300

3 filas, 2 decenas en cada una
3 × 20 = 60

3 filas, 4 unidades en cada una
3 × 4 = 12

$$\begin{array}{r} 124 \\ \times\quad 3 \\ \hline 12 \\ 60 \\ +\ 300 \\ \hline 372 \end{array}$$

Para **1** a **4**, multiplica. Usa bloques de valor de posición o dibuja una matriz si es necesario.

1. 2 × 411

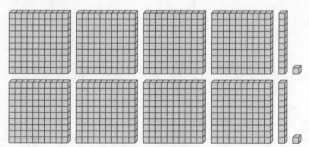

2 filas, 4 centenas en cada una
2 × _____ = _____

2 filas, 1 decena en cada una
2 × _____ = _____

2 filas, 1 unidad en cada una
2 × _____ = _____

_____ + _____ + _____ = _____

2. 3 × 316

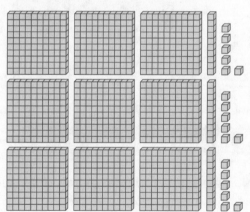

3 filas, 3 centenas en cada una
3 × _____ = _____

3 filas, 1 decena en cada una
3 × _____ = _____

3 filas, 6 unidades en cada una
3 × _____ = _____

_____ + _____ + _____ = _____

3. 5 × 178

4. 4 × 213

5. ¿Cuántas canicas hay en 4 bolsas grandes y 7 bolsas pequeñas?

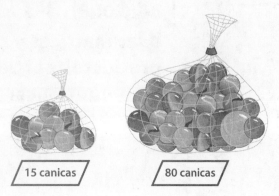

15 canicas   80 canicas

6. **Usar herramientas apropiadas** Muestra cómo puedes usar bloques de valor de posición o dibujar una matriz para hallar productos parciales para 4×125.

7. Una rana arborícola roja salta una distancia de hasta 150 veces la longitud de su cuerpo. ¿Qué tan lejos puede saltar esta rana arborícola?

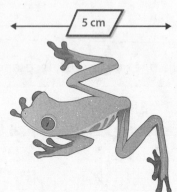

5 cm

8. **Razonamiento de orden superior** Tony dice que para multiplicar 219×3, se multiplica 2×3, 1×3 y 9×3 y luego se suman los productos parciales. Explica el error de Tony. ¿Cómo ayudarías a Tony a entender cómo multiplicar correctamente 219×3?

☑ **Práctica para la evaluación**

9. Selecciona todas las expresiones que tengan un valor de 464.

- ☐ 400×64
- ☐ $(4 \times 100) + 16$
- ☐ 4×116
- ☐ $4 \times (400 + 60 + 4)$
- ☐ $(4 \times 100) + (4 \times 10) + (4 \times 6)$

10. ¿Cuál de las siguientes opciones son productos parciales correctos para 73×8?

- Ⓐ 240, 56
- Ⓑ 56, 24
- Ⓒ 480, 24
- Ⓓ 24, 560

Nombre _____

Práctica Herramientas

Práctica
adicional 3-4
Usar modelos de
área y productos
parciales para
multiplicar

¡Revisemos!

El ayuntamiento de la ciudad quiere construir una nueva fuente
para un parque del centro de la ciudad. Deciden separar un área
que mide 7 yardas de ancho y 14 yardas de largo. ¿Cuál es el área
para la nueva fuente?

> Los modelos de área
> y los productos parciales son herramientas
> que sirven para resolver los problemas
> de multiplicación.

	10	4
7	7×10	7×4

Haz una estimación: 7×14 es
aproximadamente $7 \times 10 = 70$.

$7 \times 10 = 70$ $7 \times 4 = 728$

$70 + 28 = 98$

$$\begin{array}{r} 14 \\ \times\ 7 \\ \hline 28 \\ +\ 70 \\ \hline 98 \end{array}$$

7×4 unidades

7×1 decena

El área para la nueva fuente es
98 yardas cuadradas.

El producto, 98, está cerca de
la estimación de 70. La respuesta
es razonable.

Para **1** a **4**, usa el modelo de área y los productos parciales.

1.

	40	6
8		

$$\begin{array}{r} 46 \\ \times\ 8 \end{array}$$

2.

	70	9
3		

$$\begin{array}{r} 79 \\ \times\ 3 \end{array}$$

3.

	800	90	5
9			

$$\begin{array}{r} 895 \\ \times\ 9 \end{array}$$

4.

	600	50	1
6			

$$\begin{array}{r} 651 \\ \times\ 6 \end{array}$$

5. Usa la propiedad distributiva y productos parciales para hallar 5 × 727.

6. Un hotel de un parque estatal tiene 49 cuartos. En cada cuarto se pueden quedar hasta cinco personas. ¿Cuál es la cantidad máxima de personas que se pueden quedar en el hotel al mismo tiempo?

7. Lauren leyó 36 libros durante el año. Si lee la misma cantidad de libros durante 6 años seguidos, ¿cuántos libros leerá en total?

8. Un estacionamiento tiene 8 niveles. Cada nivel tiene espacio para 78 carros. ¿Cuántos carros se pueden estacionar al mismo tiempo?

Para **9** y **10**, usa la tabla de la derecha.

9. Se colocan mesas redondas en un salón de banquetes para una fiesta. ¿Cuántas sillas se usan en las mesas redondas?

10. **Razonamiento de orden superior**
¿En cuál de los tres tipos de mesa cabe la mayor cantidad de personas en el salón de banquetes? Explícalo.

DATOS

Planes para el salón de banquetes del hotel		
Tipo de mesa	**Cantidad de mesas**	**Sillas alrededor de las mesas**
Mesas largas	62	8
Mesas redondas	105	6
Mesas cuadradas	150	4

Práctica para la evaluación

11. ¿Cuál es el factor que falta?

$7 \times ? = 392$

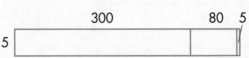

    Ⓐ 50

    Ⓑ 66

    Ⓒ 56

    Ⓓ 60

12. ¿Cuáles son los productos parciales para este modelo de área?

5×385

    Ⓐ 25, 440, 1,500

    Ⓑ 15,000, 400, 25

    Ⓒ 25, 400, 1,500

    Ⓓ 1,500, 40, 56

Nombre _____

¡Revisemos!

Tres grupos de 1,245 estudiantes asistieron al concierto. ¿Cuántos estudiantes asistieron al concierto?

Halla 3 × 1,245.

Puedes usar modelos de área y productos parciales para hallar los productos de números más grandes.

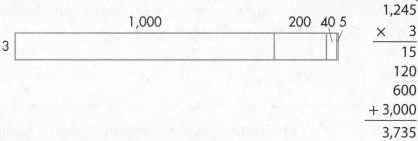

$$
\begin{array}{r}
1,245 \\
\times \quad 3 \\
\hline
15 \\
120 \\
600 \\
+\ 3,000 \\
\hline
3,735
\end{array}
$$

3,735 estudiantes asistieron al concierto.

Para **1** a **6**, multiplica. Usa el modelo de área y productos parciales.

1.
$$
\begin{array}{r}
6317 \\
\times \quad 9
\end{array}
$$
9 ⟶ 6,000 | 300 7
10

2.
$$
\begin{array}{r}
3,933 \\
\times \quad 4
\end{array}
$$
4 ⟶ 3,000 | 900 3
30

3.
$$
\begin{array}{r}
1,619 \\
\times \quad 7
\end{array}
$$
7 ⟶ 1,000 | 600 9
10

4.
$$
\begin{array}{r}
4,265 \\
\times \quad 5
\end{array}
$$
5 ⟶ 4,000 | 200 5
60

5.
$$
\begin{array}{r}
2,111 \\
\times \quad 5
\end{array}
$$
5 ⟶ 2,000 | 100 1
10

6.
$$
\begin{array}{r}
4,231 \\
\times \quad 2
\end{array}
$$
2 ⟶ 4,000 | 200 1
30

7. Usar herramientas apropiadas Completa el modelo de área para hallar el producto de 7 y 3,412.

---

8. Fred compró 3 carros nuevos para su tienda de carros por $11,219, $31,611 y $18,204. ¿Cuál fue el costo total de todos los carros?

9. Kinsey gana $54,625 por año. Compra una moto de nieve por $12,005. ¿Cuánto le queda de sus ingresos anuales?

---

10. Sentido numérico Dalton sumó 3,402 + 4,950 y obtuvo 8,352. Estima la suma redondeando los sumandos a la centena más cercana. ¿Es razonable la suma de Dalton? Explícalo.

n	
3,402	4,950

11. Razonamiento de orden superior Josh usó un algoritmo para hallar el producto de 9 × 239. A continuación se muestra su trabajo. ¿Tiene razón Josh? Explícalo.

```
    239
  ×   9
  1,800
    270
  +  81
  2,151
```

Práctica para la evaluación

12. Selecciona todos los números que sean productos parciales de 8 × 1,126.

- ☐ 48
- ☐ 80
- ☐ 160
- ☐ 800
- ☐ 8,000

13. ¿Qué productos tienen 240 como un producto parcial?

- ☐ 3 × 3,388
- ☐ 8 × 2,612
- ☐ 4 × 5,376
- ☐ 6 × 4,345
- ☐ 3 × 6,828

Nombre _____

¡Revisemos!

Calcula mentalmente para hallar $4 \times 4{,}002$ y 8×60.

> Para multiplicar mentalmente, puedes descomponer números, usar las propiedades de las operaciones o usar la compensación.

Usa la compensación para hallar $4 \times 3{,}998$.

4,000 está cerca de 3,998.
$4 \times 4{,}000 = 16{,}000$
$4{,}000 - 2 = 3{,}998$ $4 \times 2 = 8$
$16{,}000 - 8 = 15{,}992$

Usa las propiedades de las operaciones para hallar 8×250.

$8 \times 250 = (2 \times 4) \times 250$
$\qquad = 2 \times (4 \times 250)$
$\qquad = 2 \times 1{,}000$
$\qquad = 2{,}000$

Para **1** a **18**, multiplica mentalmente para hallar los productos. Explica qué estrategia usaste.

1. $5 \times 395 = 5 \times ($ _____ $-$ _____ $)$

2. $7 \times 3{,}012 = 7 \times ($ _____ $+$ _____ $)$

3. 9×898

4. 2×144

5. 4×408

6. 8×15

7. 36×9

8. 3×496

9. 4×509

10. $3{,}004 \times 6$

11. 6×198

12. 5×999

13. 6×250

14. 4×525

15. 6×28

16. 7×156

17. $9 \times 1{,}276$

18. $3 \times 1{,}607$

19. **Razonar** La ballena azul más larga registrada medía aproximadamente la longitud de 18 buzos. Usa la descomposición para estimar la longitud de la ballena azul.

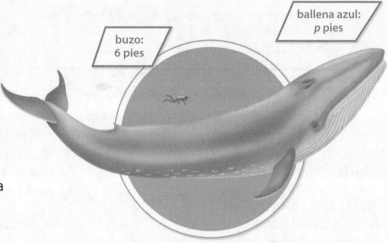

buzo:
6 pies

ballena azul:
p pies

20. Explica cómo estimar la longitud de la ballena usando la compensación.

21. En una elección, votaron 589,067 personas. Escribe 589,067 en forma desarrollada y usando el nombre del número.

22. **Razonamiento de orden superior**
La panadería Davidson hornea 108 galletas y 96 pastelitos por hora. ¿Cuántos productos se hornean en 4 horas? Calcula mentalmente para resolver el problema.

✅ **Práctica para la evaluación**

23. Selecciona todas las expresiones que muestren cómo calcular mentalmente para hallar el producto de 8 × 490.

   ☐ $8 + (400 \times 90)$
   ☐ $(8 \times 400) + (8 \times 90)$
   ☐ $(8 \times 400) + (8 \times 9)$
   ☐ $(8 \times 500) - (8 \times 10)$
   ☐ $8 \times (500 \times 10)$

24. Selecciona todas las expresiones que muestren cómo calcular mentalmente para hallar el producto de 4 × 2,025.

   ☐ $4 \times (2,000 + 20 + 5)$
   ☐ $(4 \times 2,000) + 25$
   ☐ $(4 \times 2,000) + (4 \times 25)$
   ☐ $4 \times (2,000 + 25)$
   ☐ $(4 \times 2,000 \times 25)$

Nombre _____

¡Revisemos!

Halla $4 \times 5{,}990$.

Haz una estimación: 5,990 está cerca de 6,000; por tanto, el producto está cerca de $4 \times 6{,}000 = 24{,}000$.

Una manera de resolver es usar productos parciales. Puedes crear un modelo de área o un modelo de valor de posición o usar la propiedad distributiva de la multiplicación.

```
           5,000            900  90
   ┌──────────────────────┬─────┬──┐
 4 │                      │     │  │
   └──────────────────────┴─────┴──┘
```

$$4 \times 5{,}990 = 4 \times (5{,}000 + 900 + 90)$$
$$= (4 \times 5{,}000) + (4 \times 900) + (4 \times 90)$$
$$= 20{,}000 + 3{,}600 + 360$$
$$= 23{,}960$$

Otra manera de resolver es usar la compensación. Halla $4 \times 6{,}000$ y luego ajusta la respuesta restando el producto de 4 y 10.

$$5{,}990 = 6{,}000 - 10$$
$$4 \times 6{,}000 = 24{,}000$$
$$4 \times 10 = 40$$
$$4 \times 5{,}990 = 24{,}000 - 40$$
$$= 23{,}960$$

El producto 23,960 es razonable porque está cerca de la estimación de 24,000.

Para **1** a **15**, haz una estimación. Luego, escoge una estrategia apropiada para hallar los productos.

> Usa tu estimación para determinar si tu respuesta es razonable.

1.   538
      $\times\ \ 4$

2.   214
      $\times\ \ 8$

3.   3,721
      $\times\quad 7$

4.   7,956
      $\times\qquad 8$

5.   92
      $\times\ \ 4$

6.   37
      $\times\ \ 8$

7. 6×505

8. 3×589

9. $5 \times 6{,}384$

10. $2 \times 9{,}497$

11. $7 \times 3{,}218$

12. $9 \times 1{,}938$

13. $5{,}219 \times 3$

14. $6{,}205 \times 3$

15. $1{,}236 \times 8$

16. Una tienda de abarrotes encarga 47 bolsas de cebollas y 162 bolsas de papas. La bolsa de cebollas cuesta $2 y la de papas cuesta $3. ¿Cuánto se gasta en cebollas y papas?

17. El albergue para animales cobra $119 por adoptar una mascota. El sábado se adoptaron 2 perros y 7 gatos. ¿Cuánto dinero recibió el albergue por esas adopciones?

18. Álgebra En la exposición de insectos del museo hay 8 vitrinas con 417 insectos en cada una. Escribe y resuelve una ecuación para mostrar cuántos insectos, *v*, se exponen en el museo.

19. Kamiko y sus 4 hermanas tienen 18 nietos cada una. Calcula la cantidad total de nietos que tienen Kamiko y sus 4 hermanas.

20. Se vendieron 1,719 boletos para un musical durante el fin de semana. ¿Cuánto dinero recaudó el musical?

$3 cada uno

21. Razonamiento de orden superior Bob vende 23 videojuegos. Quiere donar el dinero a una obra benéfica local. Si Bob quiere donar $100, ¿cuál es la cantidad mínima, en números enteros, que debería cobrar por cada juego? Explícalo.

✓ **Práctica para la evaluación**

22. Zoe tiene 1,500 cuentas. Quiere hacer 6 pulseras de la amistad. Necesita 215 cuentas para cada pulsera. ¿Cuántas cuentas le quedarán a Zoe después de hacer todas las pulseras? Escribe ecuaciones para mostrar cómo resolviste el problema. Indica qué representan tus variables.

En un problema de varios pasos, vuelve atrás para asegurarte de que respondiste a la pregunta.

Nombre _____

¡Revisemos!

Una ferretería hizo un pedido de 4 paquetes de tornillos grandes y 5 paquetes de tornillos pequeños. Cada paquete tiene 150 tornillos. ¿Cuántos tornillos pidió la ferretería?

Indica cómo puedes representar con modelos matemáticos.

- Puedo usar diagramas de barras y ecuaciones para representar y resolver este problema.
- Puedo usar conceptos y destrezas que he aprendido previamente.

> Cuando representas con modelos matemáticos, usas dibujos y ecuaciones para mostrar cómo se relacionan las cantidades de un problema.

Dibuja un diagrama de barras y escribe una ecuación para resolver el problema.

$4 + 5 = 9$ paquetes

$9 \times 150 = t$

$t = 1,350$

t tornillos en total

| 150 | 150 | 150 | 150 | 150 | 150 | 150 | 150 | 150 |

tornillos en un paquete

La ferretería hizo un pedido de 1,350 tornillos.

Representar con modelos matemáticos

Mary pesaba 8 libras cuando nació. Cuando tenía 10 años, pesaba 10 veces esa cantidad. ¿Cuánto más que cuando nació pesaba Mary a los 10 años? Resuelve los Ejercicios 1 y 2 para responder a la pregunta.

1. Haz un dibujo, escribe y resuelve una ecuación para hallar el peso de Mary, *p*, cuando tenía 10 años.

2. Haz un dibujo y escribe y resuelve una ecuación para hallar la diferencia, *d*, entre el peso de Mary cuando tenía 10 años y cuando nació.

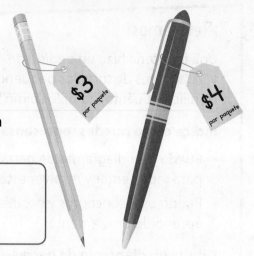

Útiles escolares
Una librería hizo un pedido de 1,528 paquetes de bolígrafos y 1,823 paquetes de lápices a los precios que se muestran. ¿Cuánto gastó en bolígrafos la librería?

3. Entender y perseverar ¿Te has encontrado con un problema como este anteriormente? Explícalo.

4. Razonar ¿Qué significan los números que debes usar en el problema?

5. Representar con modelos matemáticos ¿Qué operación puedes usar para resolver el problema? Dibuja un diagrama de barras para mostrar la operación.

> Cuando representas con modelos matemáticos, usas los cálculos que ya conoces para resolver el problema.

6. Usar herramientas apropiadas ¿Serían los bloques de valor de posición una buena herramienta para resolver el problema? Explícalo.

7. Hacerlo con precisión ¿Cuál es el costo total de los bolígrafos? Demuestra que hiciste los cálculos de manera correcta.

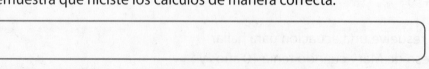

8. Razonar Explica por qué tu respuesta es razonable.

Nombre _____

¡Revisemos!

Una maestra de kínder quiere comprar cajas individuales de crayones para sus estudiantes. Cada caja contiene 50 crayones. ¿Cuántos crayones recibirá si compra 30 cajas de crayones?

Usa operaciones básicas y el valor de posición para hallar 50×30.

$50 \times 30 = 5$ decenas $\times 3$ decenas
$\qquad = 15$ centenas
$\qquad = 1{,}500$

Por tanto, $50 \times 30 = 1{,}500$.

La maestra de kínder recibirá 1,500 crayones.

Puedes usar operaciones básicas y estrategias de valor de posición para multiplicar mentalmente o puedes descomponer números y usar las propiedades de las operaciones para resolver.

Práctica al nivel Para **1** a **12**, usa operaciones básicas y estrategias de valor de posición para hallar los productos.

1. $20 \times 20 =$ _____
$\qquad =$ _____
$\qquad =$ _____

2. $60 \times 30 =$ _____
$\qquad =$ _____
$\qquad =$ _____

3. $50 \times 60 =$ _____
$\qquad =$ _____
$\qquad =$ _____

4. 30×80

5. 60×60

6. 50×90

7. 30×70

8. 70×60

9. 40×50

10. 10×90

11. 40×10

12. 10×50

Para **13** a **21**, halla el factor que falta.

13. $10 \times$ _____ $= 200$

14. $40 \times$ _____ $= 3{,}600$

15. $50 \times$ _____ $= 4{,}000$

16. $70 \times$ _____ $= 700$

17. $30 \times$ _____ $= 2{,}700$

18. _____ $\times 70 = 3{,}500$

19. _____ $\times 90 = 7{,}200$

20. $20 \times$ _____ $= 1{,}800$

21. $40 \times$ _____ $= 3{,}200$

22. Álgebra La Srta. Marks anota la cantidad de palabras que cada estudiante puede teclear en 1 minuto. ¿Cuántas palabras más que el estudiante más lento teclearía el estudiante más veloz en 30 minutos? Usa estrategias de valor de posición. Escribe una ecuación y resuélvela.

Velocidad de tecleo en 1 minuto	
Estudiante	**Palabras**
Lavon	50
Jerome	40
Charlie	60

23. Amy dice: "Para hallar 50 × 20, multiplico 5 × 2 y luego coloco la cantidad total de ceros en ambos factores al final". ¿Estás de acuerdo con ella? Explícalo.

24. Álgebra Si en un año una ciudad tuvo un total de 97 días lluviosos, ¿cuántos días **NO** llovió? Escribe y resuelve una ecuación.

365 días

97	d

25. Nombra dos factores de 2 dígitos cuyo producto sea mayor que 200 pero menor que 600.

26. Razonamiento de orden superior
Por cada 30 minutos de tiempo de emisión en la televisión hay aproximadamente 8 minutos de anuncios publicitarios. Si se emiten 90 minutos de televisión, ¿cuántos minutos de anuncios publicitarios habrá?

27. El producto de dos factores es 7,200. Si uno de los factores es 90, ¿cuál es el otro factor?

Ⓐ 8,000 Ⓒ 80

Ⓑ 800 Ⓓ 8

28. Halla 20 × 70.

Ⓐ 140 Ⓒ 1,000

Ⓑ 1,400 Ⓓ 2,000

Usa operaciones básicas como ayuda para hallar los factores que faltan.

Nombre _____

¡Revisemos!

Puedes usar matrices, modelos de área o bloques de valor de posición para hallar el producto de 20 × 14.

20 × 14 significa 20 grupos de 14, o (20 grupos de 10) + (20 grupos de 4).

Suma los productos parciales del modelo.

20 grupos de 10 = 200
20 grupos de 4 = 80

200 + 80 = 280

Por tanto, 20 × 14 = 280.

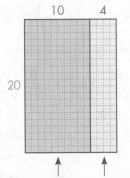

20 grupos de 10   20 grupos de 4
20 × 10 = 200   20 × 4 = 80

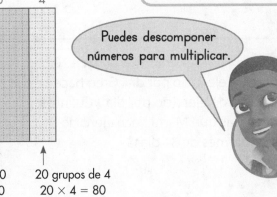
Puedes descomponer números para multiplicar.

Para **1** y **2**, usa la matriz para hallar el producto.

1. 10 × 12

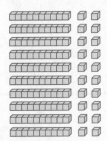

10 grupos de 10 = _____

10 grupos de 2 = _____

_____ + _____ = _____

Por tanto, 10 × 12 = _____ .

2. 20 × 18

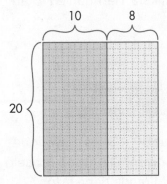

20 grupos de 10 = _____

20 grupos de 8 = _____

_____ + _____ = _____

Por tanto, 20 × 18 = _____ .

Para **3** a **6**, halla cada producto. Dibuja una matriz o un modelo de área como ayuda para resolver el problema.

3. 50 × 15   **4.** 40 × 22   **5.** 30 × 39   **6.** 60 × 21

7. La altura de un piso de un edificio de apartamentos se mide desde la base de un piso hasta la base del piso siguiente. Cada piso tiene una altura de 18 pies. ¿Cuánto mide el edificio de altura?

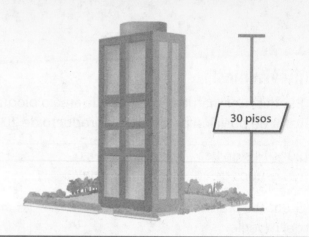

30 pisos

8. Entender y perseverar Marta hace 30 minutos de ejercicio por día. Greg hace 40 minutos de ejercicio por día. ¿Cuántos minutos más que Marta hace ejercicio Greg en un mes de 31 días?

9. Un dentista encarga 15 cajas de hilo dental y 20 cajas de cepillos de dientes por mes. El hilo dental se vende en cajas de 70 y los cepillos de dientes se venden en cajas de 50. ¿Cuántos artículos encarga el dentista por mes?

10. La Sra. Harrigan encargó 30 cajas de vasos para su restaurante. Cada caja contiene 16 vasos. También encargó 30 cajas de platos. Hay 25 platos en cada caja. ¿Cuántos vasos y platos encargó la Sra. Harrigan en total?

11. Razonamiento de orden superior Sin multiplicar, decide si es mayor el producto de 45×10 o el producto de 50×10. Explícalo.

☑ **Práctica para la evaluación**

12. Miranda dice que 30×26 es mayor que 20×36. ¿Tiene razón? Dibuja un modelo para explicar si Miranda tiene razón.

Puedes dibujar un modelo de área o una matriz para representar el problema.

Nombre _____

Práctica Herramientas

Práctica adicional 4-3
Estimar: Usar el redondeo o números compatibles

¡Revisemos!

Una montaña rusa tiene 38 asientos para pasajeros. La montaña rusa da 24 vueltas en una hora. ¿Aproximadamente cuántos pasajeros pueden subir a la montaña rusa en una hora?

> Escoge números cercanos a 38 y 24 que puedas multiplicar mentalmente.

Paso 1

Escoge números compatibles.

24 está cerca de 25. 24×38

38 está cerca de 40.

25×40

Paso 2

Multiplica los números compatibles.

$25 \times 40 = 1,000$

Por tanto, 24×38 es aproximadamente 1,000.

Aproximadamente 1,000 pasajeros pueden subir a la montaña rusa en una hora.

Para 1 a 16, estima los productos.

23×12
  23 está cerca de 25.
  12 está cerca de _____.
  $25 \times$ _____ = _____

24×31
  24 está cerca de 25.
  31 está cerca de _____.
  _____ $\times$ _____ = _____

3. 19×24 **4.** 51×17 **5.** 82×78 **6.** 12×26

7. 24×62 **8.** 48×29 **9.** 53×39 **10.** 51×23

11. 53×54 **12.** 68×39 **13.** 29×43 **14.** 62×87

15. 36×42 **16.** 91×77

> Hay más de una manera de estimar un producto.

En línea | SavvasRealize.com   **Tema 4** | Lección 4-3   **47**

17. ¿Aproximadamente cuántos galones de agua se usan para llenar la bañera todos los días durante 31 días? Explícalo.

57 galones de agua

---

18. (A-Z) **Vocabulario** Usa un término de vocabulario para completar la definición.

Los _____ son números con los que es fácil calcular mentalmente.

19. Una tienda vende aproximadamente 45 aparatos por día, 7 días por semana. ¿Aproximadamente cuántos aparatos podría vender la tienda en 4 semanas? Explícalo.

---

20. Sentido numérico Nathan estima 67 × 36 hallando 70 × 40. ¿La estimación de Nathan será mayor o menor que el producto real? Explícalo.

21. Razonamiento de orden superior ¿Qué considerarías para decidir si redondear o usar números compatibles para hacer una estimación? Explícalo.

✓ **Práctica para la evaluación**

22. Una guía de excursiones lleva a grupos de 26 personas a recorrer un museo. El año pasado llevó a 42 grupos. Escoge números compatibles del recuadro para escribir dos estimaciones diferentes de la cantidad total de personas que llevó la guía el año pasado. Halla los productos estimados.

26 × 42

_____ × _____ = _____

_____ × _____ = _____

25   30   40   45

Práctica   Herramientas

¡Revisemos!

Una manera de hallar el producto de 12 × 24 es usar una matriz.

Dibuja una matriz en una cuadrícula. Divide la matriz en decenas y unidades para cada factor. Halla la cantidad de casillas de cada rectángulo más pequeño. Luego, suma la cantidad de casillas que hay en los cuatro rectángulos más pequeños.

La matriz muestra los cuatro productos parciales.

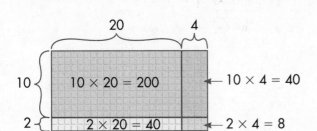

20   4

10 { | $10 \times 20 = 200$ | ← $10 \times 4 = 40$

2 { | $2 \times 20 = 40$ | ← $2 \times 4 = 8$

8
40
40
+ 200
‾‾‾‾‾
288

Por tanto, $12 \times 24 = 288$.

Para **1** a **4**, halla los productos. Usa las matrices dibujadas en las cuadrículas para ayudarte.

1. 26×18

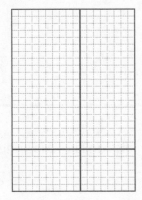

2. 23×23

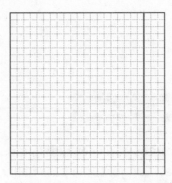

3. 19×27

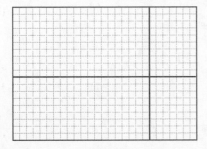

4. 11×16

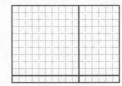

5. Barb hace 22 horas de ejercicio por semana. ¿Cuántas horas hace ejercicio Barb durante 14 semanas? Usa la matriz dibujada en la cuadrícula para ayudarte a multiplicar.

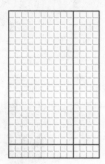

6. Teri usó el valor de posición para hallar el siguiente producto. ¿La respuesta de Teri es razonable? Explícalo.

$$
\begin{array}{r}
4{,}296 \\
\times 7 \\
\hline
42 \\
630 \\
1{,}400 \\
2{,}800 \\
\hline
4{,}872 \\
\end{array}
$$

7. Razonamiento de orden superior A la derecha se muestran los precios de la tienda de curiosidades de Nolan. Si se venden 27 cajas de llaveros de neón y 35 cajas de bolígrafos fosforescentes, ¿cuál es la venta total en dólares?

DATOS	Artículo	Precio por caja
	Llaveros de neón	$15
	Bolígrafos fosforescentes	$10

☑ **Práctica para la evaluación**

8. Escribe los productos parciales que faltan en las ecuaciones. Luego, suma para hallar el producto.

300   240   42   1,200   140   20   16

$$
\begin{array}{r}
18 \\
\times 32 \\
\hline
16 \\
\square \\
240 \\
+ \; \square \\
\end{array}
\qquad
\begin{array}{r}
47 \\
\times 26 \\
\hline
42 \\
\square \\
\square \\
+ \; 800 \\
\end{array}
$$

9. Escribe el factor que falta en las ecuaciones.

39   53   78   51   37   26   23   83

$18 \times \square = 918$

$65 \times \square = 2{,}535$

$\square \times 27 = 2{,}106$

$23 \times \square = 529$

Nombre _____

Práctica adicional 4-5
Modelos de área y productos parciales

¡Revisemos!

Halla 23 × 18.

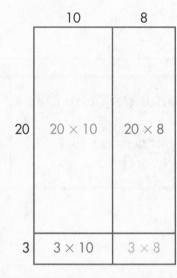

> Puedes usar un modelo de área para mostrar cómo descompones los factores porque hay más de una manera. Luego, usa la propiedad distributiva como ayuda para multiplicar.

$23 \times 18 = (20 + 3) \times (10 + 8)$

$= (20 + 3) \times 10 + (20 + 3) \times 8$

$= (20 \times 10) + (3 \times 10) + (20 \times 8) + (3 \times 8)$

$= 200 + 30 + 160 + 24$

$= 414$

Para 1 a 3, usa el modelo de área para hallar el producto.

1. 14 × 19

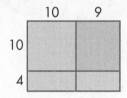

2. 12 × 22

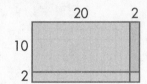

3. 21 × 51

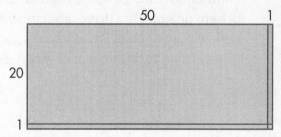

Para 4 a 13, dibuja un modelo de área para hallar el producto. Usa las propiedades de las operaciones.

4. 10
   × 18

5. 28
   × 38

6. 51
   × 12

7. 73
   × 13

8. 99
   × 11

9. 16
   × 14

10. 17
    × 38

11. 56
    × 17

12. 11
    × 13

13. 29
    × 64

14. Hay 27 estudiantes en la clase de la Srta. Langley. Cada estudiante tiene que resolver 15 problemas de matemáticas diferentes. ¿Cuántos problemas de matemáticas tiene que resolver toda la clase?

15. En un estadio habrá un concierto el viernes y un rodeo el sábado. Si al concierto asisten 12,211 personas y al rodeo asisten 9,217, ¿cuántas personas asisten al estadio el viernes y el sábado?

16. Sentido numérico En un viaje suben al transbordador 82 personas y 49 carros. ¿Aproximadamente cuánto dinero reunió la empresa de transbordadores en ese viaje?

> **Transbordador del Cabo May**
>
> *$3 por persona*
> *$34 por carro*

17. Razonamiento de orden superior
El Sr. Buckham enseña vocabulario a una clase de 27 estudiantes de cuarto grado. Hay 63 palabras nuevas de vocabulario. Cada estudiante escribe en una tarjeta de fichero una palabra de vocabulario y su definición. ¿Tiene el Sr. Buckham suficientes tarjetas para todos los estudiantes? Explícalo.

El Sr. Buckham tiene 1,500 tarjetas de fichero.

☑ **Práctica para la evaluación**

18. Selecciona todos los productos parciales que se usarían para hallar 17×28.

- ☐ 200; 14; 8; 56
- ☐ 65; 80; 14; 2,000
- ☐ 56; 140; 80; 200
- ☐ 200; 140; 80; 56
- ☐ 2,000; 1,400; 80; 56

19. Selecciona todas las maneras en que puedes usar la descomposición y la propiedad distributiva para hallar el producto de 45×18.

- ☐ $45 \times (20 - 2)$
- ☐ $(40 \times 10) + (5 \times 8)$
- ☐ $(40 \times 5) + (10 \times 2)$
- ☐ $(40 \times 10) + (40 \times 8) + (5 \times 10) + (5 \times 8)$
- ☐ $(40 \times 18) + (5 \times 18)$

Práctica   Herramientas

¡Revisemos!

Las pelotas de golf vienen en cajas de 12. ¿Cuántas pelotas de golf hay en 14 cajas? Recuerda que debes hacer una estimación para poder ver si tu respuesta es razonable.

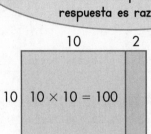

	10	2
10	10 × 10 = 100	10 × 2 = 20
4	4 × 10 = 40	4 × 2 = 8

$$\begin{array}{r} 12 \\ \times\ 14 \\ \hline 8 \\ 40 \\ 20 \\ +\ 100 \\ \hline 168 \end{array}$$

4 × 2 = 8 unidades
4 × 1 decena = 4 decenas
10 × 2 unidades = 20
10 × 1 decena = 100

Hay 168 pelotas de golf en las cajas.

Para **1** a **8**, haz una estimación. Halla todos los productos parciales. Luego, suma para hallar el producto final. Dibuja modelos de área si es necesario.

1. $\begin{array}{r} 16 \\ \times\ 15 \\ \hline \end{array}$

2. $\begin{array}{r} 16 \\ \times\ 12 \\ \hline \end{array}$

3. $\begin{array}{r} 19 \\ \times\ 13 \\ \hline \end{array}$

4. $\begin{array}{r} 24 \\ \times\ 12 \\ \hline \end{array}$

5. $\begin{array}{r} 32 \\ \times\ 23 \\ \hline \end{array}$

6. $\begin{array}{r} 79 \\ \times\ 47 \\ \hline \end{array}$

7. $\begin{array}{r} 23 \\ \times\ 46 \\ \hline \end{array}$

8. $\begin{array}{r} 82 \\ \times\ 74 \\ \hline \end{array}$

9. Razonar ¿Por qué los cálculos que están a la derecha de los productos parciales se pueden considerar problemas más sencillos?

$$
\begin{array}{r}
34 \\
\times\ 24 \\
\hline
16 \\
120 \\
80 \\
+\ 600 \\
\hline
816
\end{array}
$$

4 × 4
4 × 3 decenas
2 decenas × 4
2 decenas × 3 decenas

10. Explica los errores en el siguiente cálculo. Muestra el cálculo correcto.

$$
\begin{array}{r}
12 \\
\times\ 13 \\
\hline
6 \\
3 \\
20 \\
+\ 10 \\
\hline
39
\end{array}
$$

11. Un cine cobra $10 el boleto para adultos y $9 el boleto para niños. La meta es recaudar $1,200 en boletos para adultos por semana. ¿El cine alcanzó su meta esta semana? ¿Cuánto dinero más o menos que la meta pudo recaudar el cine?

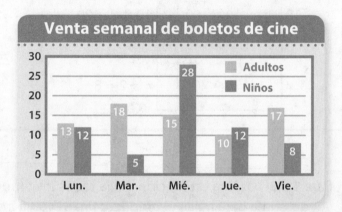

Venta semanal de boletos de cine

Adultos / Niños

Lun. 13, 12
Mar. 18, 5
Mié. 15, 28
Jue. 10, 12
Vie. 17, 8

12. Razonamiento de orden superior
Un campo de práctica de golf tiene 245 pelotas. El dueño compró un envase de pelotas de golf. ¿Cuántas pelotas de golf tiene el dueño después de comprar el envase?

DATOS

Pelotas de golf

12 pelotas por paquete

15 paquetes por caja

5 cajas por envase

✓ **Práctica para la evaluación**

13. ¿Qué conjunto de números tiene el producto parcial que falta y el producto final?

$$
\begin{array}{r}
12 \\
\times\ 18 \\
\hline
16 \\
80 \\
20 \\
+\ \boxed{} \\
\hline
\boxed{}
\end{array}
$$

Ⓐ 100; 216

Ⓑ 10; 126

Ⓒ 106; 212

Ⓓ 100; 261

14. Selecciona todas las ecuaciones en las que 15 sea el factor que falta.

☐ $b \times 15 = 225$

☐ $32 \times b = 480$

☐ $51 \times b = 765$

☐ $b \times 41 = 1{,}025$

☐ $65 \times b = 910$

Nombre _____

Práctica Herramientas

Práctica adicional 4-7
Entender y perseverar

¡Revisemos!

April debe armar 18 canastas con 15 plantas de seda en cada una. April quiere que haya 8 flores de seda en cada planta. ¿Cuántas flores de seda habrá en todas las canastas?

Indica cómo puedes entender el problema para resolverlo.

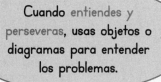

Cuando entiendes y perseveras, usas objetos o diagramas para entender los problemas.

- Puedo identificar las cantidades dadas.

- Puedo entender cómo están relacionadas las cantidades.

- Puedo escoger y aplicar una estrategia apropiada.

Halla cuántas plantas de seda necesita April.

$p = 15$ plantas $\times 18$ canastas

$15 \times 18 = 15 \times (20 - 2)$

$\qquad = (15 \times 20) - (15 \times 2)$

$\qquad = 300 - 30$

$\qquad = 270$

April necesita 270 plantas de seda.

Luego, halla cuántas flores de seda habrá en todas las canastas.

$f = 270$ plantas $\times 8$ flores

$8 \times 270 = 8 \times (200 + 70)$

$\qquad = (8 \times 200) + (8 \times 70)$

$\qquad = 1,600 + 560$

$\qquad = 2,160$

Habrá 2,160 flores en todas las canastas.

Entender y perseverar

Una tienda recibió un envío de 4 cajas de maníes. Las cuatro cajas apiladas una sobre otra medían 12 pies de altura. ¿Cuántas onzas de maníes recibió la tienda? Usa los Ejercicios 1 a 4 para responder a la pregunta.

MANÍES

Contenido: 24 bolsas

12 oz en cada bolsa

1. ¿Qué sabes y qué necesitas hallar?

2. ¿Qué pasos podrías seguir para resolver el problema?

3. ¿Crees que la tienda recibió más o menos de 800 onzas de maníes? Justifica tu respuesta.

4. ¿Cuántas onzas de maníes recibió la tienda? Explícalo.

 En línea | SavvasRealize.com   **Tema 4** | Lección 4-7   55

Cámaras

El gerente de compras de una tienda de productos electrónicos tiene que decidir entre dos cámaras digitales. Debajo se muestra la información de cada cámara. ¿Cuánto dinero puede ganar la tienda con la cámara 1? El dinero que gana la tienda es la diferencia entre el precio al que la tienda vende la cámara y el precio al que la tienda compra la cámara.

Cámara 1
Precio para la tienda: $46
Precio de venta: $85
La tienda puede comprar: 21.

Cámara 2
Precio para la tienda: $62
Precio de venta: $98
La tienda puede comprar: 16

Cuando entiendes y perseveras, escoges y aplicas una estrategia apropiada para resolver el problema.

5. Entender y perseverar ¿Cuáles son las preguntas escondidas a las que hay que responder antes de hallar la solución del problema?

6. Representar con modelos matemáticos ¿Cómo puedes usar objetos, dibujos o diagramas y ecuaciones para representar y resolver el problema?

7. Buscar relaciones ¿Cómo puedes saber si tu respuesta tiene sentido? Explícalo.

Nombre _____

¡Revisemos!

Cuando dividas números que terminan en cero, usa operaciones básicas de división y patrones como ayuda para dividir mentalmente.

Halla 210 ÷ 7.

¿Cuál es la operación básica?

21 ÷ 7 = 3

21 decenas ÷ **7** = 3 decenas o 30

210 ÷ 7 = 30

Halla 4,200 ÷ 6.

¿Cuál es la operación básica?

42 ÷ 6 = 7

42 centenas ÷ **6** = 7 centenas o 700

4,200 ÷ 6 = 700

Práctica al nivel Para **1** a **20**, usa operaciones básicas, patrones o el cálculo mental para dividir.

1. 25 ÷ 5 = ____
250 ÷ 5 = ____
2,500 ÷ 5 = ____

2. 14 ÷ 2 = ____
140 ÷ 2 = ____
1,400 ÷ 2 = ____

3. 30 ÷ 5 = ____
300 ÷ 5 = ____
3,000 ÷ 5 = ____

4. 16 ÷ 4 = ____
160 ÷ 4 = ____
1,600 ÷ 4 = ____

5. 120 ÷ 6

6. 720 ÷ 9

7. 200 ÷ 4

8. 2,800 ÷ 7

9. 5,000 ÷ 5

10. 240 ÷ 8

11. 3,600 ÷ 4

12. 1,600 ÷ 2

13. 4,200 ÷ 7

14. 640 ÷ 8

15. 2,000 ÷ 5

16. 320 ÷ 8

17. 810 ÷ 9

18. 270 ÷ 3

19. 1,200 ÷ 2

20. 300 ÷ 6

Para **21** a **23**, usa la gráfica de la derecha.

21. Barry cobró $4 por cada ejemplar de *El retorno de los dinosaurios*. ¿Cuántos ejemplares vendió Barry?

22. Barry cobró $9 por cada ejemplar de *Parques nacionales de los Estados Unidos*. ¿Cuántos ejemplares vendió Barry?

23. Barry cobró $7 por cada ejemplar de *Musa, el Grande*. ¿Cuántos ejemplares vendió Barry?

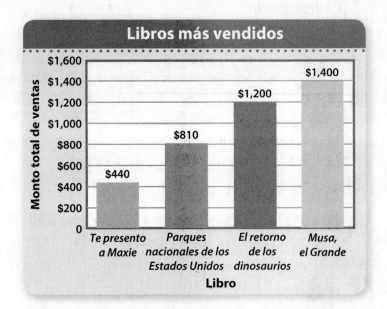

Libros más vendidos

24. **Construir argumentos** Explica por qué el siguiente cociente es incorrecto.
$1{,}000 \div 5 = 2{,}000$

25. **Razonamiento de orden superior**
Los estudiantes que recaudan fondos para la banda de la escuela recolectaron $2,400 con una venta de hamburguesas y *hot dogs*. Ganaron la misma cantidad de dinero por las hamburguesas que por los *hot dogs*. Una hamburguesa costaba $3 y un *hot dog*, $2. ¿Cuántos se vendieron de cada uno?

✅ Práctica para la evaluación

26. Selecciona todos los cocientes que son iguales a 30.

- ☐ $180 \div 6$
- ☐ $1{,}800 \div 3$
- ☐ $210 \div 7$
- ☐ $120 \div 4$
- ☐ $240 \div 4$

27. ¿Qué ecuación de división NO es correcta?

Ⓐ $5{,}600 \div 8 = 700$

Ⓑ $4{,}900 \div 7 = 70$

Ⓒ $360 \div 4 = 90$

Ⓓ $4{,}500 \div 9 = 500$

Nombre _____

Práctica Herramientas

Práctica adicional 5-2
Cálculo mental: Estimar cocientes

¡Revisemos!

Estima $460 \div 9$.

> Estas son dos maneras de estimar cocientes.

Una manera

Usa números compatibles.

¿Qué número cercano a 460 se puede dividir fácilmente por 9? Prueba con 450.

$450 \div 9 = 50$

$460 \div 9$ es aproximadamente 50.

Otra manera

Usa la multiplicación.

¿Nueve por qué número es aproximadamente 460?

$9 \times 5 = 45$; por tanto, $9 \times 50 = 450$.

$460 \div 9$ es aproximadamente 50.

Para **1** a **20**, estima los cocientes. Muestra tu trabajo.

1. $165 \div 4$ **2.** $35 \div 4$ **3.** $715 \div 9$ **4.** $490 \div 8$

5. $512 \div 5$ **6.** $652 \div 8$ **7.** $790 \div 9$ **8.** $200 \div 7$

9. $311 \div 6$ **10.** $162 \div 2$ **11.** $418 \div 6$ **12.** $554 \div 7$

13. $92 \div 3$ **14.** $351 \div 7$ **15.** $497 \div 5$ **16.** $61 \div 2$

17. $202 \div 2$ **18.** $153 \div 3$ **19.** $98 \div 9$ **20.** $174 \div 9$

Para **21** a **23**, usa la lista de tareas de Franny.

21. Franny tiene 5 páginas libres en el álbum. ¿Aproximadamente cuántas fotos puede poner en cada página libre?

22. Franny piensa leer durante 4 horas. ¿Aproximadamente cuántas páginas deberá leer por hora para terminar el libro?

23. Franny quiere gastar la misma cantidad de dinero en el regalo para cada amiga. Tiene $62. ¿Aproximadamente cuánto dinero puede gastar en cada regalo?

Lista de tareas de Franny
- Poner 64 fotos en el álbum de fotos.
- Terminar de leer 113 páginas de un libro.
- Comprar regalos para Kate, Wendy y Tina.
- Guardar los zapatos en el organizador.

24. Representar con modelos matemáticos
Esta semana, el veterinario revisó 47 perros, 19 gatos, 7 aves exóticas y 3 caballos. Completa el diagrama de barras y halla la cantidad total de animales que revisó el veterinario esta semana.

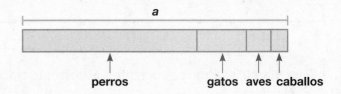

25. Wayne tiene 303 canicas. Si reparte 123 canicas por igual entre 3 amigos, ¿aproximadamente cuántas canicas dará Wayne a cada amigo? ¿Cuántas canicas le quedarán?

26. Razonamiento de orden superior Tessa quiere separar 187 mazorcas de maíz en bolsas de 6 mazorcas cada una. Tiene 35 bolsas. Haz una estimación para hallar si Tessa tiene suficientes bolsas. Explícalo.

☑ Práctica para la evaluación

27. Deon se puso la meta de recorrer 310 millas en bicicleta en un mes. Hasta ahora, ha recorrido 145 millas. Si quedan 4 días del mes, ¿aproximadamente cuántas millas debe recorrer Deon por día para lograr su meta? Explícalo.

Nombre _____

Práctica adicional 5-3
Cálculo mental: Estimar los cocientes de dividendos más grandes

¡Revisemos!

Estima 2,946 ÷ 5.

Puedes usar estrategias de cálculo mental para estimar cocientes.

Redondea.

2,946 se redondea a 3,000.

3,000 ÷ 5 = 600

Por tanto, 2,946 ÷ 5 es aproximadamente 600.

Usa patrones.

5 × 6 = 30
5 × 600 = 3,000

Por tanto, 2,946 ÷ 5 es aproximadamente 600.

Práctica al nivel Para **1** a **18**, estima los cocientes.

1. 1,561 ÷ 8

¿Cuánto es 8 × 2? _____

¿Cuánto es 8 × 20? _____

¿Cuánto es 8 × 200? _____

¿Cuánto es 1,600 ÷ 8? _____

Por tanto, 1,561 ÷ 8 es aproximadamente _____.

2. 2,008 ÷ 7

¿Cuánto es 7 × 3? _____

¿Cuánto es 7 × 30? _____

¿Cuánto es 7 × 300? _____

¿Cuánto es 2,100 ÷ 7? _____

Por tanto, 2,008 ÷ 7 es aproximadamente _____.

3. 461 ÷ 9

4. 2,356 ÷ 6

5. 5,352 ÷ 9

6. 279 ÷ 9

7. 2,449 ÷ 8

8. 3,124 ÷ 6

9. 4,519 ÷ 5

10. 915 ÷ 3

11. 2,120 ÷ 5

12. 423 ÷ 4

13. 3,305 ÷ 7

14. 1,803 ÷ 2

15. 8,167 ÷ 9

16. 1,216 ÷ 6

17. 1,007 ÷ 2

18. 4,170 ÷ 8

Para **19** a **21**, usa la tabla de la derecha.

19. Bob y Kate hacen pulseras para vender en una feria de manualidades. Determina aproximadamente cuántas pulseras pueden hacer con cada color de cuenta. Completa la tabla.

20. ¿Aproximadamente cuántas pulseras pueden hacer antes de que se acaben al menos las cuentas de un color? ¿Qué color se acabará primero?

Color	Cantidad de cuentas	Cuentas por pulsera	Cantidad estimada de pulseras
Azul	258	6	
Plateado	428	9	
Rosado	102	3	
Blanco	258	7	

21. Bob y Kate reciben un pedido urgente de 7 pulseras de cada color. ¿Cuántas cuentas se necesitan para 7 pulseras de cada color?

La tabla muestra cuántas cuentas de cada color tienen Bob y Kate. La tabla ayuda a organizar los datos.

22. **Razonar** Los estudiantes a cargo de la tienda de la escuela encargaron 1,440 lápices. Los están poniendo en paquetes de 6. ¿Aproximadamente cuántos paquetes harán? ¿La respuesta exacta será mayor o menor que la estimación? Explícalo.

23. **Razonamiento de orden superior** Haz dos estimaciones de 4,396 ÷ 4 redondeando el dividendo a la centena más cercana y también al millar más cercano. Compara las estimaciones.

Práctica para la evaluación

24. El papá de Gary necesita ahorrar $3,705 en 6 meses para pagar un seguro. ¿Cuál es la mejor estimación de la cantidad de dinero que debe ahorrar por mes?

- Ⓐ Aproximadamente $700
- Ⓑ Aproximadamente $600
- Ⓒ Aproximadamente $70
- Ⓓ Aproximadamente $60

25. En el distrito escolar local hay 1,795 estudiantes de primaria. Quieren que haya la misma cantidad de estudiantes en cada una de 5 escuelas. ¿Cuál es la mejor estimación de la cantidad de estudiantes que debe haber en cada escuela?

- Ⓐ Aproximadamente 200
- Ⓑ Aproximadamente 300
- Ⓒ Aproximadamente 2,000
- Ⓓ Aproximadamente 3,000

Práctica Herramientas

¡Revisemos!

Jamal tiene 20 canicas para poner en bolsas.
Quiere poner 6 canicas en cada bolsa. ¿Cuántas
bolsas podrá llenar Jamal?

Halla $20 \div 6$.

El residuo es el número
que queda después de que se termina
la división. Recuerda que el residuo
debe ser menor que el divisor.

Jamal puede llenar 3 bolsas con 6 canicas.
Sobrarán 2 canicas.

Hay 3 maneras de interpretar un residuo.

Se puede ignorar el residuo.	El residuo puede ser la respuesta.	Necesitas sumar 1 al cociente.
¿Cuántas bolsas llenó Jamal? 3 bolsas	*¿Cuántas canicas no están en bolsas?* 2 canicas	*¿Cuántas bolsas se necesitan para que todas las canicas estén en bolsas?* 4 bolsas

---

Para **1** a **4**, halla la cantidad de grupos iguales y la cantidad que sobra.

1. $66 \div 5 =$ ____ con ____ que sobra

2. $94 \div 6 =$ ____ con ____ que sobran

3. $29 \div 9 =$ ____ con ____ que sobran

4. $46 \div 8 =$ ____ con ____ que sobran

Para **5** y **6**, divide. Luego, interpreta el residuo.

5. 77 manzanas
3 manzanas en cada bolsa

$77 \div 3 =$ ____ con ____ que sobran

*¿Cuántas manzanas no están
en bolsas?* _____

6. 71 tarjetas
5 tarjetas en cada caja

$71 \div 5 =$ ____ con ____ que sobra

*¿Cuántas cajas se necesitan para
todas las tarjetas?* _____

7. ¿Por qué el residuo debe ser menor que el divisor?

8. La Sra. Morris tiene 25 estudiantes en su clase. Quiere dividir la clase en 3, 4 o 5 equipos iguales y que todos los estudiantes estén en un equipo. ¿Qué cantidad de equipos puede hacer la Sra. Morris? Explícalo.

9. Tammy decoró su proyecto de arte con lentejuelas de 12 colores diferentes. Si usó 15 de cada color, ¿cuántas lentejuelas usó Tammy?

10. **Sentido numérico** Hay 14 niñas que hacen la prueba para el equipo de voleibol. Cada equipo tendrá 6 jugadoras. ¿Cuántos equipos completos se formarán? ¿Cuántas niñas no estarán en un equipo?

11. **Representar con modelos matemáticos** ¿Cuántas cuerdas se usan para hacer 4 guitarras como las de la ilustración? Dibuja un diagrama de barras para mostrar cómo hallaste tu respuesta.

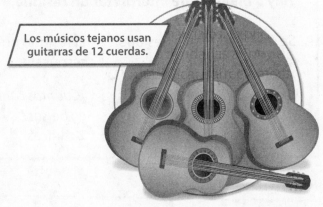

Los músicos tejanos usan guitarras de 12 cuerdas.

12. Hay 26 estudiantes en la clase de Dante. Un estudiante faltó porque está enfermo. Los estudiantes quieren dividirse en equipos de seis para un juego. ¿Cuántos equipos completos se pueden formar?

13. **Razonamiento de orden superior** Carl tiene 98 fotos para poner en un álbum. Se pueden poner 8 fotos en cada página. ¿Cuántas fotos pondrá Carl en la última página? Explícalo.

Práctica para la evaluación

14. Jada compró un equipo de arte que trae 58 lápices de colores. Jada compartirá los lápices con sus 3 hermanas por igual. ¿Cuántos lápices recibirá cada una? ¿Sobrará algún lápiz? Si es así, ¿cuántos sobran?

64 **Tema 5** | Lección 5-4

Nombre _____

Práctica Herramientas

¡Revisemos!

En el día "Limpia tu ciudad", 48 voluntarios se ofrecieron a limpiar el parque de la ciudad. Los voluntarios trabajaron en grupos de 3. ¿Cuántos grupos limpiaron el parque de la ciudad?

```
    6 ⎫
   10 ⎬ 16
3)48
 − 30     Haz una estimación: ¿Cuántos 3 hay en 48?
   18     Prueba con 10.
 − 18     Haz una estimación: ¿Cuántos 3 hay en 18? 6
    0
```

16 grupos limpiaron el parque de la ciudad.

Puedes usar cocientes parciales para dividir. 10 y 6 son cocientes parciales. 16 es el cociente.

Para **1** a **12**, usa cocientes parciales para dividir. Puedes usar fichas o hacer dibujos como ayuda.

1. 4)92

2. 2)36

3. 5)75

4. 3)72

5. 6)78

6. 4)96

7. 7)91

8. 3)99

9. 3)57

10. 5)80

11. 4)68

12. 6)84

13. **Sentido numérico** Nina dará una fiesta. ¿Cuántas bolsas con sorpresas podrá llenar Nina: menos de 10 bolsas, entre 10 y 20 bolsas, entre 20 y 30 bolsas o más de 30 bolsas? Explícalo.

| 3 sorpresas por bolsa | Nina tiene 78 sorpresas en total. |

14. **Representar con modelos matemáticos** Ocho largos de una piscina equivalen a una milla. Víctor nadó 96 largos la semana pasada. ¿Cuántas millas nadó Víctor? Usa el diagrama de barras para escribir y resolver una ecuación.

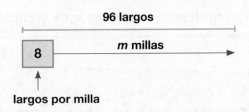

15. **Entender y perseverar** Georgena tiene 84 fotos que quiere poner en un álbum. Si Georgena pone 4 fotos por página, ¿cuántas páginas más que si pone 6 fotos por página se usarán?

16. **Razonamiento de orden superior** Ryan tiene un total de 85 monedas de 1¢. ¿Podrá repartir sus monedas por igual entre 4 amigos? Explícalo.

17. Selecciona todas las combinaciones correctas de cocientes parciales que se pueden usar para hallar $74 \div 2$.

☐ 10, 10, 10, 2

☐ 20, 10, 7

☐ 30, 2

☐ 30, 7

☐ 30, 10, 7

18. Usa la propiedad distributiva para hallar $95 \div 5$. ¿Cuál es el número que falta?

$$95 \div 5 = (50 + \boxed{}) \div 5$$
$$= (50 \div 5) + (\boxed{} \div 5)$$
$$= 10 + 9$$
$$= 19$$

Ⓐ 5

Ⓑ 15

Ⓒ 35

Ⓓ 45

Nombre _____

Práctica adicional 5-6
Usar cocientes parciales para dividir: Dividendos más grandes

¡Revisemos!

Una abeja puede viajar 2,925 pies en 3 minutos.
¿Cuántos pies viaja por minuto?

	900	70	5
3	2,700	210	15

$$
\begin{array}{r}
\left.\begin{array}{r} 5 \\ 70 \\ 900 \end{array}\right\} 975 \\
3\overline{)2,925} \\
-\ 2,700 \\
\hline 225 \\
-\ 210 \\
\hline 15 \\
-\ 15 \\
\hline 0
\end{array}
$$

Puedes hacer estimaciones y usar cocientes parciales para dividir.

La abeja viaja 975 pies por minuto.

Para **1** a **16**, usa cocientes parciales para dividir.

1. $9\overline{)126}$

2. $7\overline{)474}$

3. $2\overline{)179}$

4. $6\overline{)237}$

5. $4\overline{)3,264}$

6. $8\overline{)3,349}$

7. $3\overline{)6,334}$

8. $5\overline{)8,248}$

9. $6\overline{)5,769}$

10. $3\overline{)441}$

11. $7\overline{)4,999}$

12. $6\overline{)4,272}$

13. $3\overline{)3,791}$

14. $9\overline{)756}$

15. $5\overline{)4,271}$

16. $4\overline{)1,847}$

17. Álgebra Abigail está planeando una carrera de costales de relevos de 90 metros para el día de deportes. ¿Cuántos miembros, m, necesita que haya en cada equipo? Escribe y resuelve una ecuación.

---

18. enVision® STEM La función de una central hidroeléctrica es convertir en electricidad la energía del agua en movimiento. ¿Cuánto tarda la central hidroeléctrica de la ilustración en producir 384 kilovatios-hora de electricidad?

Una central hidroeléctrica puede producir 8 kilovatios-hora de electricidad por hora.

---

19. Evaluar el razonamiento Indica si es correcto el razonamiento de Miranda o el de Jesse. Explícalo.

Miranda
$6,050 \div 5 = (6,000 + 50) \div 5$
$= (6,000 \div 5) + (50 \div 5)$
$= 1,200 + 10$
$= 1,210$

Jesse
$6,050 \div 5 = (6,000 + 50) \div (3+2)$
$= (6,000 \div 3) + (50 \div 2)$
$= 2,000 + 25$
$= 2,025$

---

20. Kelli se inscribió en un curso de gimnasia de 38 lecciones. Cada lección dura 2 horas. ¿Cuántas horas dura el curso en el que se inscribió Kelli?

21. Razonamiento de orden superior ¿Cómo podrías usar la propiedad distributiva para hallar $1,484 \div 7$?

✅ Práctica para la evaluación

22. Selecciona todas las combinaciones correctas de cocientes parciales y un residuo que se pueden usar para hallar $4,306 \div 9$.

☐ 300, 100, 60, 2, R8

☐ 300, 100, 70, 8 R4

☐ 400, 60, 10, 8 R4

☐ 400, 60, 2 R 8

☐ 400, 70, 8, R4

Nombre _____

Práctica adicional 5-7
Usar la repartición para dividir

¡Revisemos!

Halla 78 ÷ 5.

Puedes hacer dibujos para resolver problemas de división.

Primero, divide las decenas.

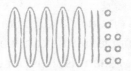

Hay 1 decena en cada uno de los 5 grupos.

78 ÷ 5 = 15 R3

Luego, desarma las 2 decenas para hacer 20 unidades.

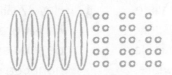

20 unidades y 8 unidades es igual a 28 unidades.

Por último, divide las unidades.

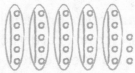

Cada uno de los 5 grupos tiene 1 decena y 5 unidades. Sobran 3 unidades.

Para **1** a **8**, usa bloques de valor de posición o un dibujo para dividir. Anota los residuos.

1. 66 ÷ _____ = _____ R2

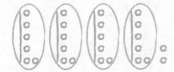

2. 136 ÷ 4 = _____

3. 131 ÷ _____ = _____ R1

4. 76 ÷ _____ = _____ R _____

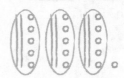

5. 140 ÷ 6

6. 95 ÷ 2

7. 96 ÷ 8

8. 51 ÷ 2

9. Marcos tiene 78 carros de juguete. Los ordena en 6 grupos iguales. ¿Cuántos carros de juguete hay en cada grupo? Completa el siguiente diagrama para mostrar tu trabajo.

Los dibujos te pueden ayudar a resolver problemas.

10. Sentido numérico Una familia irá de viaje por 3 días. El costo total del hotel es $336. Presupuestaron cien dólares por día para la comida. ¿Cuánto costará cada día del viaje?

11. Hay 37 sillas y 9 mesas en una clase. La Sra. Kensington quiere poner la misma cantidad de sillas en cada mesa. ¿Cuántas sillas puede poner en cada mesa? ¿Sobra alguna silla?

12. Razonamiento de orden superior
La Sra. Dryson dividió su colección de 52 osos de vidrio en grupos iguales. Le sobró 1 oso. ¿Cuántos grupos hizo la Sra. Dryson? ¿Cuántos osos hay en cada grupo?

13. Ben tiene 165 fotos de su viaje a Austria en el verano. Puso 6 fotos en cada página de un álbum de fotos. ¿Cuántas páginas del álbum llenó Ben? ¿Cuántas páginas usó?

14. Adrián usó el dibujo de la derecha para resolver una oración de división. ¿Cuál es la oración de división? Explícalo.

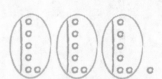

✓ Práctica para la evaluación

15. ¿Cuánto es $59 \div 4$?

Ⓐ 5 R4

Ⓑ 6 R1

Ⓒ 14 R3

Ⓓ 7 R2

16. ¿Cuál es el divisor que falta?
$966 \div n = 161$

Ⓐ 5

Ⓑ 6

Ⓒ 7

Ⓓ 8

Nombre _____

¡Revisemos!

Halla 98 ÷ 4.

Haz una estimación: 100 ÷ 4 = 25

Usa bloques de valor de posición como ayuda para visualizar la repartición.

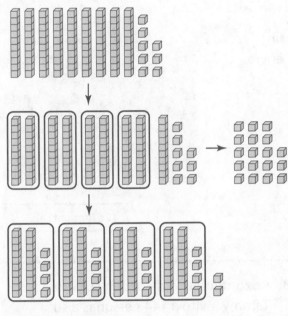

Representa 98 con bloques de decenas y centenas.

Reparte 8 de las decenas por igual en 4 grupos. Divide la decena que sobra en unidades. Ahora tienes 18 unidades.

Reparte las 18 unidades por igual en los 4 grupos. Ahora cada grupo tiene 2 decenas y 4 unidades, y sobran 2 unidades.

98 ÷ 4 = 24 R2

24 está cerca de 25; por tanto, la respuesta es razonable.

Para **1** a **8**, divide. Usa bloques de valor de posición o haz dibujos si es necesario.

1. 4)¯3¯3¯4¯

2. 6)¯1¯4¯8¯

3. 7)¯9¯4¯8¯

4. 4)¯1¯7¯9¯

5. 5)¯1¯2¯5¯

6. 8)¯4¯1¯8¯

7. 2)¯5¯8¯7¯

8. 8)¯7¯4¯7¯

9. Razonar Usa centenas, decenas y unidades para decir de qué tres maneras diferentes se puede representar el número 352 que sean distintas de la manera que se muestra a la derecha.

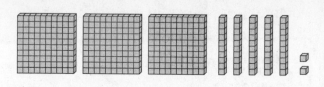

10. Una juguetería recibió un envío de 17 cajas de ositos de peluche. Usa números compatibles para estimar la cantidad total de ositos de peluche que había en el envío.

11. ¿Cuántos ositos había en el envío?

12 ositos por caja

12. Álgebra ¿Cuál es el número desconocido de la ecuación?

$$5 \times n = 3,000$$

13. Razonamiento de orden superior
Tammy invitó a 144 personas a su casamiento. Tammy alquilará mesas que tienen capacidad para 8 invitados cada una. Si el alquiler de cada mesa cuesta $5, ¿cuánto gastará Tammy en alquilar todas las mesas?

✓ Práctica para la evaluación

14. Halla $72 \div 6$.

- Ⓐ 9
- Ⓑ 11
- Ⓒ 12
- Ⓓ 24

15. ¿Cuál es el residuo del siguiente problema?

$$83 \div 6 = 13 \text{ R?}$$

- Ⓐ 4
- Ⓑ 5
- Ⓒ 3
- Ⓓ 0

Nombre _____

¡Revisemos!

Puedes usar diferentes estrategias para dividir.

Halla 617 ÷ 5.

Puedes usar cocientes parciales.

```
      3  ⎫
     20  ⎬ 123
    100  ⎭
   5)617
   − 500
    117
   − 100
     17
   −  15
      2
```

617 ÷ 5 = 123 R2

Halla 85 ÷ 3.

Puedes usar bloques de valor de posición o dibujos.

Piensa: 8 decenas divididas en 3 grupos iguales. Cambia las 2 decenas que sobran por 20 unidades. Las 2 decenas y 5 unidades hacen 25 unidades.

Hay 8 unidades en cada grupo y sobra 1 unidad.

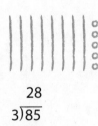

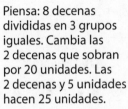

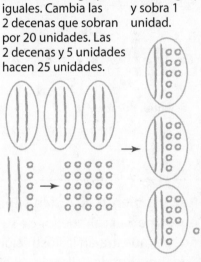

```
     28
   3)85
   − 60
     25
   − 24
      1
```

85 ÷ 3 = 28 R1

Para 1 a 9, divide.

1. 318 ÷ 7

2. 4,826 ÷ 5

3. 375 ÷ 7

4. 8)437

5. 9)7,192

6. 6)2,750

7. 4)6,208

8. 7)202

9. 5)9,490

10. enVision® STEM El sonido viaja en ondas. En el aire seco, a 20° Celsius, el sonido viaja aproximadamente 343 metros en un segundo. ¿Cuántos metros viajará el sonido en 7 segundos?

11. Construir argumentos Lilly estimó un cociente de 120 y halló un cociente real de 83. ¿Qué debe hacer a continuación? Explícalo.

12. En un aeropuerto, hay un total de 1,160 asientos en las áreas de espera. Hay 8 áreas de espera separadas, del mismo tamaño. ¿Cuántos asientos hay en cada área de espera?

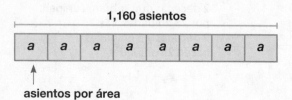

1,160 asientos

| a | a | a | a | a | a | a | a |

↑
asientos por área

13. Una valla que rodea el campo de fútbol americano de una escuela mide 1,666 pies de longitud. Siete equipos de estudiantes pintarán la valla. Cada equipo pintará la misma longitud de valla. ¿Qué longitud de valla pintará cada equipo?

14. Razonamiento de orden superior El Sr. Conners puso una valla alrededor de su patio rectangular, que se muestra en la ilustración de la derecha. Cada sección de valla mide 8 pies de longitud. ¿Cuántas secciones usó el Sr. Conners?

330 pies

102 pies   102 pies

330 pies

✓ **Práctica para la evaluación**

15. Selecciona todas las ecuaciones correctas.

☐ $648 \div 9 = 72$

☐ $3,616 \div 4 = 904$

☐ $745 \div 3 = 245$ R1

☐ $1,279 \div 5 = 252$ R4

☐ $7,474 \div 8 = 934$ R2

16. Halla $2,075 \div 7$.

Ⓐ 295

Ⓑ 296 R1

Ⓒ 296 R3

Ⓓ 304 R5

Práctica adicional 5-10
Representar con modelos matemáticos

¡Revisemos!

Molly hará flores de papel. Tiene 240 hojas de papel rosado y 260 hojas de papel amarillo. ¿Cuántas flores podrá hacer Molly con todo el papel?

¿Cómo puedes representar con modelos matemáticos?

- Puedo usar dibujos, objetos y ecuaciones para mostrar cómo se resuelve el problema.

- Puedo mejorar mi modelo matemático si es necesario.

7 hojas de papel de cualquier color para hacer cada flor

Halla la pregunta escondida y usa ecuaciones para responderla.

¿Cuánto papel tiene Molly en total?

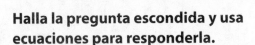

p, papel

240	260

$240 + 260 = p$

$p = 500$

Molly tiene 500 hojas de papel.

Usa ecuaciones y la respuesta a la pregunta escondida para responder a la pregunta original.

¿Cuántas flores, f, podrá hacer Molly?

$f = 500 \div 7$.

$f = 71$ R3

Molly puede hacer 71 flores de papel.

Representar con modelos matemáticos

El equipo de béisbol de una escuela recaudó $810 para comprar uniformes nuevos. Cada jugador del equipo vendió una libreta de boletos. Había 10 boletos en una libreta, y cada boleto costaba $3. ¿Cuántos boletos se vendieron?

1. ¿Qué ecuación puedes escribir y resolver para hallar el costo, l, de cada libreta de boletos vendida?

2. Escribe y resuelve una ecuación para hallar la cantidad de boletos, b, vendidos. Explícalo.

3. Escribe y resuelve una ecuación para hallar la cantidad de jugadores, j, que hay en el equipo de béisbol.

Yoga

Tanto el centro comunitario como el gimnasio local ofrecen clases de yoga 2 días a la semana durante 6 semanas. El costo de las clases en el centro comunitario es $72, más un cargo adicional por única vez de $12 por el alquiler del equipo de yoga que se usa en la clase. El costo en el gimnasio local es $8 por clase. Regina quiere saber qué clase puede hacer por menos dinero.

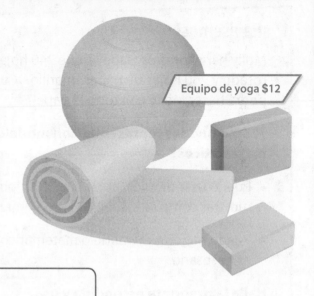

Equipo de yoga $12

4. **Razonar** ¿Cuáles son las cantidades del problema y cómo están relacionadas?

5. **Entender y perseverar** ¿Cuál es un buen plan para resolver el problema? Explica tu estrategia.

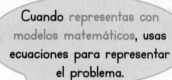

Cuando representas con modelos matemáticos, usas ecuaciones para representar el problema.

6. **Representar con modelos matemáticos** Escribe y resuelve ecuaciones para hallar qué clase puede hacer Regina por menos dinero. Indica qué representa cada variable.

Práctica Herramientas

¡Revisemos!

Escribe una ecuación para representar los problemas de comparación. Halla el valor de la variable que hace que la ecuación sea verdadera.

Suma

Los Bucks practican 13 horas por semana. Los Tigers practican h horas, lo que equivale a 26 horas por semana más que los Bucks. ¿Cuántas horas por semana practican los Tigers?

$13 + 26 = h$

$h = 39$ horas

Los Tigers practican 39 horas por semana.

Multiplicación

Los Bucks practican 13 horas por semana. Los Cougars practican c horas, lo que equivale a 2 veces la cantidad de horas semanales que practican los Bucks. ¿Cuántas horas por semana practican los Cougars?

$2 \times 13 = c$

$c = 26$ horas

Los Cougars practican 26 horas por semana.

Para **1** a **6**, escribe una oración de comparación. Para **1** a **4**, halla el valor de la variable que hace que la oración sea verdadera.

Puedes usar *tantas veces la cantidad* o *más que* para comparar cantidades.

1. Jessica limpió 7 veces la cantidad de pinceles que limpió Mike. Mike limpió 14 pinceles. Sea p = la cantidad de pinceles que limpió Jessica.

   p es _____

   $p =$ _____

2. Karin descargó 461 canciones. Joe descargó 123 canciones más que Karin. Sea c = la cantidad de canciones que descargó Joe.

   c es _____

   $c =$ _____

3. David juntó 617 tarjetas. Sam juntó 3 veces la cantidad de tarjetas que juntó David. Sea t = la cantidad de tarjetas que tiene Sam.

   t es _____

   $t =$ _____

4. Brandon compró 192 globos. Adam compró 118 globos más que Brandon. Sea g = la cantidad globos que compró Adam.

   g es _____

   $g =$ _____

5. El papá de Tammy trabajó 618 horas en medio año. La mamá de Louie trabajó 487 horas en medio año.

   _____

   _____

6. Stella ahorró $81. Su hermana ahorró $9.

   _____

   _____

7. **Álgebra** Martín tiene 10 veces la cantidad de tarjetas de béisbol que tiene Josie. Josie tiene 29 tarjetas más que Kal. ¿Cuántas tarjetas de béisbol tiene Martín? Escribe y resuelve ecuaciones.

8. Matt tiene 9 veces la cantidad de tarjetas que tiene Kal. ¿Cuántas tarjetas tiene Matt?

Kal tiene 28 tarjetas de béisbol.

Para **9** y **10**, usa la tabla de la derecha.

9. Una banda de música tiene 3 veces la cantidad de trompetistas que de músicos que tocan la tuba. ¿Cuántos trompetistas, *t*, hay? Escribe y resuelve una ecuación.

| trompetas | 16 | 16 | 16 | 3 veces esa cantidad |
| tubas | 16 |

t

Sección de metales	
Trombones	18
Cornos franceses	12
Trompetas	*t*
Tubas	16

DATOS

10. **Razonamiento de orden superior** La sección de percusión tiene cuatro veces la cantidad de músicos que la sección de trombones y la de cornos franceses juntos. ¿Cuántos músicos, *m*, hay en la sección de percusión? Escribe y resuelve ecuaciones.

✓ Práctica para la evaluación

11. Selecciona todas las oraciones que muestran una comparación usando la suma.

   ☐ *j* es 60 más que 17.

   ☐ 8 veces la cantidad 50 es *w*.

   ☐ Una sandía cuesta $4 más que una bolsa de manzanas. Una bolsa de manzanas cuesta $5. ¿Cuánto cuesta una sandía?

   ☐ Sharif tiene 8 yenes en su colección de dinero. Tiene 2 veces esa cantidad de pesos. ¿Cuántos pesos tiene Sharif?

   ☐ 12 más que 20 es *j*.

12. Selecciona todas las oraciones que se pueden representar con la ecuación $4 \times 8 = v$.

   ☐ 8 más que 4 es *v*.

   ☐ 4 veces la cantidad 8 es *v*.

   ☐ Linda tenía 8 violetas y Carrie tenía *v* violetas, que era 4 veces esa cantidad.

   ☐ Ben toma 8 fotos. Elsa toma *v* fotos, que es 4 fotos más que esa cantidad.

   ☐ 4 menos que 8 es *v*.

¡Revisemos!

Darrell tiene 3 primos. Roberto tiene 42 primos. ¿Cuántas veces la cantidad de primos que tiene Darrell tiene Roberto?

Sea $n =$ la cantidad de veces esa cantidad.

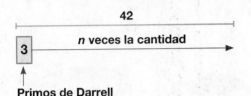

42

n veces la cantidad

3

Primos de Darrell

Dado que conoces la cantidad original y el total, necesitas dividir para hallar cuántas veces esa cantidad.

Escribe una ecuación de **multiplicación** para comparar las cantidades de primos.

42 es n veces la cantidad 3.

$42 = n \times 3$

¿Qué número multiplicado por 3 es igual a 42?

Escribe y resuelve una ecuación de división relacionada.

Si $42 = n \times 3$,
entonces $n = 42 \div 3$.

$n = 14$

Roberto tiene 14 veces la cantidad de primos que tiene Darrell.

$$
\begin{array}{r}
4 \\
10 \\
\end{array} \Big\} 14
$$

$$
\begin{array}{r}
3\overline{)42} \\
-30 \\
\hline
12 \\
-12 \\
\hline
0
\end{array}
$$

Para **1** a **4**, escribe una oración de comparación y una ecuación. Halla el valor de la variable que hace que la oración sea verdadera.

1. Hay 51 familias en Oakville que tienen una piscina. Eso es 3 veces la cantidad de familias que tienen una piscina en Elmburg. ¿Cuántas familias en Elmburg, n, tienen una piscina?

2. Gilbert caminó 288 minutos. Eso es 4 veces la cantidad de minutos que caminó Eileen. ¿Cuántos minutos, m, caminó Eileen?

3. Marcy cosechó 3 veces la cantidad de onzas de repollo rizado que cosechó Phil. Phil cosechó 42 onzas de repollo rizado. ¿Cuántas onzas de repollo rizado, r, cosechó Marcy?

4. Jennifer alimenta a 5 veces la cantidad de peces que alimenta Tony. Tony alimenta a 56 peces. ¿A cuántos peces, p, alimenta Jennifer?

5. Álgebra ¿Cuántas veces el costo de la camiseta azul es el costo de la camiseta amarilla? Dibuja un diagrama de barras y escribe y resuelve una ecuación.

6. Álgebra Mason tiene 9 años. La edad de su madre es 4 veces la edad de Mason. ¿Qué edad tiene la mamá de Mason? Dibuja un diagrama de barras y escribe y resuelve una ecuación.

Puedes multiplicar para hallar la edad de la mamá de Mason.

7. Razonar Hilary caminó 654 pies en 3 minutos. Ella dice que caminó 218 pies por minuto. ¿Es razonable la respuesta de Hilary? Explícalo.

8. Razonamiento de orden superior El valor de n es 5 veces el valor de m y es 36 más que el valor de m. ¿Cuáles son los valores de n y m? Explícalo.

☑ **Práctica para la evaluación**

9. Debbie tiene 8 monedas de 25¢ y 24 monedas de 1¢ en su alcancía. Tiene n veces la cantidad de monedas de 1¢ que de monedas de 25¢. ¿Qué ecuación se puede usar para hallar n?

Ⓐ $n = 8 \times 24$

Ⓑ $24 = 4 + n$

Ⓒ $24 = n \div 8$

Ⓓ $24 = n \times 8$

10. Marcus duerme 60 horas por semana. Eso es 5 veces la cantidad de horas que juega al ajedrez. ¿Cuántas horas por semana juega al ajedrez?

Ⓐ 11 horas

Ⓑ 12 horas

Ⓒ 13 horas

Ⓓ 14 horas

Nombre _____

Práctica adicional 6-3
Representar problemas de varios pasos

¡Revisemos!

Hay 150 estudiantes en la banda. Los niños y las niñas están en filas separadas. Hay 6 estudiantes en cada fila. Hay 12 filas de niños. ¿Cuántas filas de niñas hay?

Paso 1

Escribe una expresión que represente la cantidad de niños que hay en la banda.

12×6

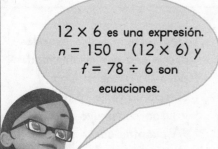

12×6 es una expresión. $n = 150 - (12 \times 6)$ y $f = 78 \div 6$ son ecuaciones.

Paso 2

Escribe y resuelve una ecuación para hallar la cantidad de niñas que hay en la banda.

n = la cantidad de niñas

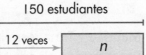

150 estudiantes

Cantidad de niños   Cantidad de niñas

$n = 150 - (12 \times 6)$
$n = 150 - 72$
$n = 78$

Hay 78 niñas en la banda.

Paso 3

Escribe y resuelve una ecuación para hallar las filas de niñas en la banda.

f = la cantidad de filas de niñas

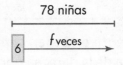

78 niñas

$f = 78 \div 6$
$f = 13$

Hay 13 filas de niñas.

Para **1** y **2**, dibuja diagramas de barras y escribe ecuaciones para resolver cada problema. Usa variables para representar cantidades desconocidas y para indicar lo que representa cada variable.

1. La noche del viernes, una pizzería vendió 5 pizzas grandes y algunas pizzas medianas. La pizzería ganó en total $291. ¿Cuántas pizzas medianas vendió?

Mediana $9   Grande $15

2. ¿Cuál es el área de la bandera estadounidense gigante que se muestra?

39 pies   52 pies

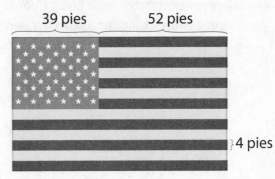

4 pies

Para 3, usa la tabla de la derecha.

3. Emma tiene $100 para gastar en la tienda de mascotas. Necesita comprar 1 bolsa de comida para perros y 2 mordillos. ¿Cuántos juguetes de valeriana para gatos puede comprar? Escribe ecuaciones para representar cada paso.

Tienda de mascotas de Barky

Producto	Costo
Bolsa de comida para perros	$35
Bolsa de comida para gatos	$18
Mordillos	$12
Juguete de valeriana para gatos	$9

4. **Razonamiento de orden superior** Maurice y Trina resuelven el problema de la derecha por separado. Maurice planea sumar primero y multiplicar después. Trina planea multiplicar primero y sumar después. ¿Quién tiene razón? Usa una propiedad de las operaciones para justificar tu respuesta.

Una turbina eólica grande puede proveer electricidad para 598 casas. Una compañía tenía 4 turbinas y luego construyó 5 más. ¿A cuántas casas puede abastecer de electricidad la compañía con sus turbinas eólicas?

✓ Práctica para la evaluación

5. La maestra de ciencias tiene $225 para gastar en equipos de laboratorio. La maestra compra 4 carteles con una guía para clasificar las rocas a $19 cada uno. Las colecciones de rocas para los estudiantes cuestan $9 cada una. ¿Cuántas colecciones puede comprar? Explica cómo lo resuelves y usa ecuaciones y diagramas de barra en tu respuesta. Indica lo que representan tus variables.

Nombre _____

Práctica Herramientas

¡Revisemos!

Un día, Belinda hornea 3 tandas de galletas para perros y al otro día hornea 4. Cada tanda es de 24 galletas y ella vende las bolsas con 6 galletas en cada una. ¿Cuántas bolsas puede llenar?

Práctica adicional 6-4

Más sobre representar problemas de varios pasos

Generalmente, puedes resolver problemas de varios pasos de más de una manera.

Una manera

g = la cantidad de galletas que Belinda horneó.
$g = (3 + 4) \times 24$
$g = 168$

b = la cantidad de bolsas que Belinda puede llenar
$b = 168 \div 6$
$b = 28$

Belinda puede llenar 28 bolsas.

Otra manera

b = la cantidad de bolsas que Belinda puede llenar de cada tanda.
$b = 24 \div 6$
$b = 4$

t = la cantidad total de bolsas que Belinda puede llenar
$t = (3 + 4) \times 4$
$t = 28$

Belinda puede llenar 28 bolsas.

Para **1** a **2**, dibuja diagramas de barras y escribe ecuaciones para resolver cada problema. Usa variables para representar cantidades desconocidas e indica lo que representa cada variable.

1. En el Taller de cerámicas de Pilar, cuatro personas hicieron 29 tazas y 18 tazones. En el Taller de manualidades de Jason, tres personas hicieron la misma cantidad de tazas y el doble de tazones cada uno. ¿Cuántos objetos hicieron las siete personas en total?

2. La clase de tercer grado recolectó 148 libros para donarlos a la biblioteca. La clase de cuarto grado recolectó 175 libros. Los estudiantes tienen que empacar los libros en cajas. En cada caja caben 9 libros. ¿Cuántas cajas necesitan para empacar todos los libros?

3. Brendan, Zach y su papá tienen $30 para gastar en la feria. Brendan y Zach pueden comprar entradas para niños. ¿Cuántas veces pueden ir los 3 a un paseo en bote? Dibuja diagramas de barras y escribe una ecuación o más para mostrar cómo lo resuelves. Indica lo que representan las variables.

Feria del condado		
Tipo de boleto	**Adulto**	**Niño**
Entrada	$8	$4
Paseos en bote	$2	$1

4. Razonamiento de orden superior Izzy y Elisa resuelven el siguiente problema correctamente. Explica cómo cada uno lo resolvió.

¿Cuánto cuesta si 2 adultos y 4 niños van a la feria y hacen un paseo en bote?

Izzy

$8 + 2 = 10$
$4 + 1 = 5$
$C = costo$
$C = (2 \times 10) + (4 \times 5)$

$C = \$40$

Costó $40.

Elisa

$E = costo\ de\ la\ entrada$
$E = (2 \times 8) + (4 \times 4)$
$E = \$32$
$B = costo\ del\ paseo\ en\ bote$
$B = (2 \times 2) + (4 \times 1)$
$B = \$8$
$T = costo\ total$
$T = 32 + 8 = \$40$

Práctica para la evaluación

5. El papá de Kate reparte partes iguales de $340 entre sus 5 hijos para que se compren regalos. Kate añade $28 a su porción. Ella encuentra DVD de películas clásicas a $8 cada uno. ¿Cuántos puede comprar? Explica cómo lo resuelves. Usa una ecuación o más y diagramas de barras en tu explicación. Indica lo que representan las variables.

Práctica Herramientas

¡Revisemos!

Una familia llevó 20 galones de limonada a un picnic comunitario. La gente bebió 98 porciones de una pinta. ¿Cuántos galones de limonada le quedan a la familia?

Usa ecuaciones como ayuda para responder a las preguntas escondidas y a la pregunta original.

1 galón = 8 porciones de una pinta

Halla y resuelve la primera pregunta escondida.

Pregunta escondida:

¿Cuántas porciones de una pinta llevó la familia?

p = porciones
$p = 20 \times 8$
$p = 160$

La familia llevó 160 porciones de una pinta.

Halla y resuelve la segunda pregunta escondida.

Pregunta escondida:

¿Cuántas porciones de una pinta de limonada le sobran a la familia?

s = porciones que sobran
$160 - 98 = s$
$s = 62$

A la familia le sobran 62 porciones de una pinta.

Usa las respuestas a las preguntas escondidas para responder a la pregunta original.

Pregunta original: ¿Cuántos galones enteros de limonada le sobran a la familia?

g = galones que sobran
$62 \div 8 = g$
$g = 7$ R6

A la familia le sobran 7 galones de limonada.

Para **1** y **2**, resuelve los problemas de varios pasos. Escribe ecuaciones para mostrar cómo los resuelves. Usa la estimación para decidir si tu respuesta es razonable. Puedes dibujar diagramas de barra como ayuda.

1. Kareem tiene 216 cartas para un juego de actuaciones. Su meta es coleccionar los 15 juegos de cartas. Hay 72 cartas en cada juego. ¿Cuántas cartas más necesita Kareem para alcanzar su meta?

2. Nicole tiene 144 cartas para un juego de actuaciones y $9 para comprar más cartas. Ella y sus amigas compran otro juego que cuesta $27. Se reparten el costo y las cartas por igual. ¿Cuántas cartas tiene Nicole después de comprar parte de un juego con sus amigas?

3. Berto cuenta con $50 para gastar en el Rincón de los libros. Compra 2 revistas. ¿Cuántos libros de $9 puede comprar Berto? Escribe una ecuación o más para mostrar cómo lo resolviste. Indica lo que representan las variables.

Rincón de los libros

Oferta especial
Revistas
$6 cada una
Libros seleccionados
$9 cada uno

---

4. **Generalizar** Tina practicó piano durante 15 horas el mes pasado y 45 horas este mes.

   a. Usa la multiplicación para escribir un enunciado que compare las horas que practicó Tina durante los dos meses.

   b. Usa la suma para escribir un enunciado que compare las horas que practicó Tina durante los dos meses.

5. **Razonamiento de orden superior** El mes pasado, Jenny lavó los platos 4 veces la cantidad de veces que lo hizo su hermano. Su hermano lavó los platos 8 veces. Jenny dijo que puede multiplicar 3 por 8 para hallar cuántas veces más que su hermano lavó ella los platos. ¿Jenny tiene razón? Explícalo.

✓ **Práctica para la evaluación**

6. Raj juntó 17 hojas durante una excursión. Su objetivo es juntar 5 veces la cantidad de hojas que ya juntó. Su amigo Jackson le dio 19 hojas. ¿Cuántas hojas más necesita Raj? Explica cómo lo resuelves. Usa una o más ecuaciones en tu explicación. Indica lo que representan las variables.

Práctica Herramientas

¡Revisemos!

El director de un museo quiere exhibir mariposas y libélulas en 5 vitrinas y que cada vitrina tenga aproximadamente la misma cantidad de insectos. ¿Cuántos insectos se deben colocar en cada vitrina?

Identifica las preguntas escondidas.

- ¿Cuántas mariposas hay?

- ¿Cuántos insectos hay?

Escribe y resuelve ecuaciones para responder a las preguntas escondidas y la pregunta original.

Sea m = la cantidad de mariposas.

$m = 3 \times 36$, $m = 108$ mariposas.

Sea i = la cantidad de insectos.

$i = 36 + 108$, $i = 144$ insectos

Sea v = la cantidad de vitrinas.

$v = 144 \div 5$, $v = 28$ R4

Se deben colocar 28 insectos en una vitrina y 29 insectos en cada una de las otras 4 vitrinas.

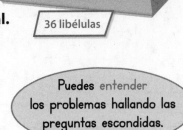

36 libélulas

3 veces la cantidad de mariposas que de libélulas

Puedes *entender* los problemas hallando las preguntas escondidas.

Entender y perseverar

El diagrama muestra cuántos largos nadan tres amigos por semana. ¿Cómo puedes hallar la cantidad de millas que nadó Ariel?

1. Escribe la(s) pregunta(s) escondida(s) que necesitas responder antes de responder a la pregunta original. Usa ecuaciones para responderlas.

MacKenzie: 28 largos
June: 3 veces la cantidad de largos que nadó MacKenzie
Ariel: 20 largos más que June

8 largos equivalen a una milla.

2. Usa tu respuesta a la(s) pregunta(s) escondida(s) y una ecuación para hallar cuántas millas, m, nadó Ariel.

Vender papas

La Sra. Sacksteader tiene una tienda de abarrotes. Compra 272 libras de papas a $99. Quiere venderlas a dos veces esa cantidad. Arma 9 bolsas de 10 libras cada una y con el resto arma bolsas de 5 libras cada una. Su familia comerá las papas que sobren. La Sra. Sacksteader quiere saber cuántas bolsas de 5 libras de papas puede vender.

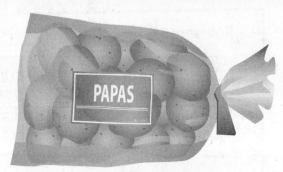

3. **Entender y perseverar** ¿Qué preguntas escondidas necesitas responder primero? Usa ecuaciones para responder a cada pregunta.

Cada bolsa de 5 libras de papas se vende a $4.

Asegúrate de decir qué representa cada variable.

4. **Representar con modelos matemáticos** ¿Cuántas bolsas de 5 libras de papas puede vender la Sra. Sacksteader? Usa ecuaciones para responder a la pregunta. Explica tu respuesta.

5. **Hacerlo con precisión** ¿Cuánto dinero ganará la Sra. Sacksteader por las bolsas de 5 libras? Escribe y resuelve una ecuación para representar cómo se responde a la pregunta.

Práctica adicional 7-1
Comprender lo que son los factores

¡Revisemos!

Mark está cambiando de lugar 15 escritorios en su salón de clases. Usa la cuadrícula para mostrar todas las maneras en que se pueden ordenar los escritorios para formar una matriz rectangular. ¿Cuáles son los pares de factores de 15?

Una cuadrícula te ayuda a hallar los factores de un número.

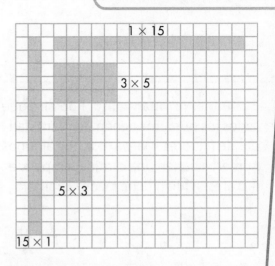

1×15

3×5

5×3

15×1

Mark puede ordenar los escritorios de 4 maneras diferentes.

Los pares de factores de 15 son 1×15 y 3×5.

Para **1** y **2**, halla todas las matrices posibles para los números. Usa las matrices como ayuda para escribir los pares de factores.

1. 13

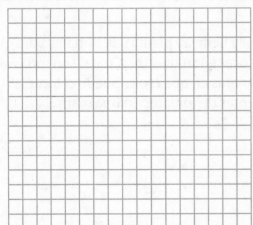

2. 10

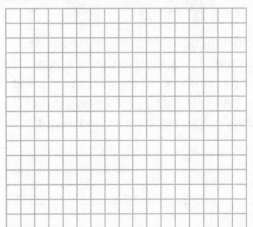

Para **3** a **8**, usa cuadrículas para hallar los pares de factores de los números.

3. 17

4. 37

5. 42

6. 29

7. 33

8. 48

9. enVision® STEM Los paneles solares usan la energía del sol para generar electricidad. Una ciudad quiere instalar 28 paneles solares en una matriz. ¿Cuáles son todas las maneras posibles en que se pueden instalar los paneles solares?

10. Usa cuadrículas para dibujar todas las matrices posibles para 5, 7 y 11. ¿Qué observas acerca de las matrices para estos números?

11. Evaluar el razonamiento Rob dice que todos los números tienen una cantidad par de factores. Marcia dice que algunos números tienen una cantidad impar de factores. ¿Quién tiene razón? Explícalo.

12. Razonamiento de orden superior Halla todos los factores de 38, 39 y 40. ¿Tienen algún factor en común? Explica cómo puedes saber si algunos números tienen factores en común sin hallar los factores.

✓ **Práctica para la evaluación**

13. Randall tiene 18 fotos enmarcadas de animales africanos que quiere colgar en una pared de la sala de estar. ¿Cuáles son todas las maneras en que Randall puede colgar las fotos en una matriz?

Filas	Fotos en cada fila

14. Molly tiene 20 plantas de tomates para colocar en su huerto. ¿Cuáles son todas las maneras en que Molly puede colocar las plantas de tomates en una matriz?

Filas	Plantas en cada fila

Nombre _____

¡Revisemos!

Halla los factores y los pares de factores de 8.

1 grupo de 8   u   8 grupos de 1

1×8

8×1

Cuando multiplicas
dos números, los dos
números son factores
del producto.

2 grupos de 4   o   4 grupos de 2

2×4 4×2

Los pares de factores son 1 y 8, 2 y 4.
Los factores de 8 son 1, 2, 4 y 8.

Para **1** a **6**, escribe los pares de factores de los números.

1. 75
1 y _____
_____ y 25
_____ y 15

2. 28
_____ y 28
_____ y 14
4 y _____

3. 46
_____ y 46
_____ y 23

4. 47

5. 77

6. 23

Para **7** a **15**, escribe los factores de los números. Usa fichas como ayuda si es necesario.

7. 74

8. 58

9. 44

10. 72

11. 57

12. 10

13. 7

14. 60

15. 66

16. El Sr. Matthews compra 22 cajas de lápices para 5 clases de cuarto grado. Cada caja contiene 45 lápices. ¿Cuántos lápices recibirá cada clase?

17. Dalma quiere leer un libro de 257 páginas en una semana. Planea leer 36 páginas por día. ¿Alcanzará su objetivo? Explícalo.

18. Álgebra Cristina tiene 81 botones ordenados en 3 filas iguales. Escribe y resuelve una ecuación para hallar la cantidad de botones que hay en cada fila.

19. Sally tiene 13 estampillas ordenadas en una matriz. Describe la matriz de Sally.

20. Para su proyecto de ciencias, Shay está haciendo una maqueta de una granja eólica. Quiere colocar 24 turbinas en la maqueta. ¿Qué matrices puede hacer Shay con 24 turbinas?

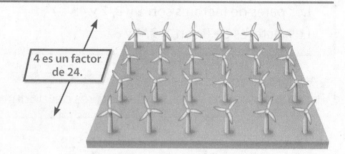

4 es un factor de 24.

21. La Sra. Fisher tiene 91 relojes en exhibición en su tienda. Dice que puede ordenarlos en filas y columnas sin que sobre ningún reloj. El Sr. Fisher dice que solo puede hacer 1 fila con los 91 relojes. ¿Quién tiene razón? Explícalo.

22. Razonamiento de orden superior
El Sr. Deets hace una matriz para exhibir 9 fotos. Para cada par de factores distintos puede hacer dos matrices. ¿Cuántas matrices diferentes puede hacer el Sr. Deets? ¿La cantidad de matrices es par o impar? Explícalo.

☑ **Práctica para la evaluación**

23. ¿Qué número no es un factor de 36 ni de 84?

Ⓐ 2

Ⓑ 3

Ⓒ 5

Ⓓ 6

24. Dana tiene algunas monedas. Quiere exhibirlas en una matriz. ¿Cuál de las siguientes cantidades de monedas da por resultado solo 2 matrices para que escoja Dana?

Ⓐ 10

Ⓑ 16

Ⓒ 25

Ⓓ 29

Nombre _____

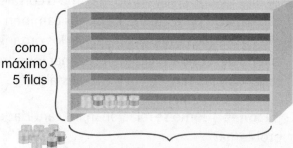
Práctica adicional **7-3**
Razonamientos repetidos

¡Revisemos!

Silvia tiene 45 latas de pintura para colocar en estantes. En cada estante caben como máximo 15 latas de pintura. En cada fila debe haber la misma cantidad de latas. ¿De cuántas maneras diferentes puede colocar Silvia las latas en los estantes?

Indica cómo puedes generalizar para hallar de cuántas maneras diferentes puede colocar Silvia las latas de pintura en los estantes.

- Puedo buscar cosas que se repiten en un problema.

- Puedo buscar métodos cortos.

- Puedo generalizar a partir de un ejemplo.

Halla los factores de 45.

$1 \times 45 = 45$ y $45 \times 1 = 45$
$3 \times 15 = 45$ y $15 \times 3 = 45$
$5 \times 9 = 45$ y $9 \times 5 = 45$
2, 4, 6, 7 y 8 no son factores.

Los factores de 45 son 1, 3, 5, 9, 15 y 45.

Silvia puede colocar 9 latas de pintura en 5 estantes o 15 latas de pintura en 3 estantes.

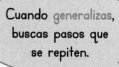
como máximo 5 filas

como máximo 15 latas en una fila

Cuando generalizas, buscas pasos que se repiten.

Generalizar

Un auditorio tiene filas de asientos con 8 asientos en cada fila. Kayla sabe que hay al menos 70 asientos pero menos de 150 asientos en el auditorio. ¿Cuántas filas de asientos puede haber en el auditorio? Usa los Ejercicios 1 a 3 para responder a la pregunta.

1. Explica cómo hallarías la menor cantidad posible de filas en el auditorio.

2. ¿Cómo hallarías todas las cantidades posibles de filas sin tener que comprobar si 8 es un factor de todos los números entre 70 y 150?

3. Indica todas las cantidades posibles de filas del auditorio.

Feria del condado

En la feria del condado, se evalúa a los animales por las características de su raza y su salud. Los corrales de los animales están dispuestos en una matriz, con un animal en cada corral. En un establo caben como máximo 10 filas de corrales y como máximo 6 corrales en cada fila, con espacio para que las personas caminen alrededor de ellos. ¿De qué maneras diferentes los organizadores de la feria del condado pueden ordenar los corrales para los caballos y las vacas en el mismo establo?

18 caballos

22 vacas

57 gallinas

4. **Razonar** ¿Cómo se relacionan las cantidades dadas en el problema?

5. **Entender y perseverar** ¿Qué pasos debes seguir primero? Explícalo.

Cuando generalizas, hallas un método eficiente para resolver un problema, que se puede usar para resolver problemas similares.

6. **Representar con modelos matemáticos** ¿Cuáles son todos los pares de factores para la suma de los caballos y las vacas? Representa los factores con un diagrama para mostrar cómo hallaste todos los pares de factores.

7. **Hacerlo con precisión** ¿Cuáles son todas las maneras diferentes en que los organizadores pueden acomodar los corrales para los caballos y las vacas en el establo?

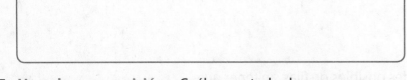

Nombre _____

Práctica adicional 7-4
Números primos y compuestos

¡Revisemos!

Puedes buscar factores para decidir si un número es primo o compuesto.

¿15 es un número primo o compuesto? Halla todos los factores de 15.

Factores de 15: 1, 3, 5, 15

15 es un número compuesto porque tiene más de dos factores.

¿29 es un número primo o compuesto? Halla todos los factores de 29.

Factores de 29: 1, 29

29 es un número primo porque tiene solo dos factores, 1 y él mismo.

Para **1** a **4**, usa o dibuja matrices para decidir si los números son primos o compuestos.

1. 7

2. 9

3. 8

4. 4

Para **5** a **16**, indica si los números son primos o compuestos.

5. 81

6. 43

7. 72

8. 93

9. 53

10. 87

11. 13

12. 27

13. 88

14. 19

15. 69

16. 79

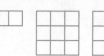

17. Usar la estructura Haz una lista de números primos del 1 al 100.

- Escribe todos los números del 1 al 100.
- Dibuja un triángulo alrededor del 1; no es primo ni compuesto.
- Encierra en un círculo el 2 y marca con una *X* todos los otros múltiplos de 2.
- Encierra en un círculo el 3 y marca con una *X* todos los otros múltiplos de 3.
- Encierra en un círculo el 5 y marca con una *X* todos los otros múltiplos de 5.
- Sigue de la misma manera. Los números que encerraste en círculos son primos.

¿Cuántos números primos hay entre 1 y 100?

---

18. Sentido numérico ¿Todos los números impares son números primos? Explícalo.

19. Algunas plantas tienen espinas para protegerse. Ben es un florista y corta las espinas de las flores. El lunes cortó 267 espinas. El martes cortó 381 espinas. El miércoles cortó 522 espinas. ¿Cuántas espinas cortó Ben?

---

20. **(A-Z) Vocabulario** Usa *primo* y *compuesto* para completar las definiciones.

Un número _____ es un número entero mayor que 1 que tiene más de 2 factores. Un número _____ es un número entero mayor que 1 que tiene exactamente dos factores: 1 y él mismo.

21. Razonamiento de orden superior Larry dice que todos los números que tienen un 2 en el lugar de las unidades son números compuestos. Explica si Larry tiene razón.

✅ **Práctica para la evaluación**

---

22. ¿Cuáles de los siguientes dígitos pueden tener los números compuestos mayores de 10 en el lugar de las unidades? Selecciona todos los que apliquen.

- ☐ 1
- ☐ 2
- ☐ 3
- ☐ 4
- ☐ 5

23. ¿Cuáles de los siguientes dígitos pueden tener los números primos mayores de 10 en el lugar de las unidades? Selecciona todos los que apliquen.

- ☐ 0
- ☐ 2
- ☐ 3
- ☐ 7
- ☐ 9

Nombre _____

¡Revisemos!

¿Cuáles son algunos de los múltiplos de 7?

Puedes usar una tabla para multiplicar para hallar múltiplos.

Paso 1 Halla la columna (o la fila) del 7.

Paso 2 Todos los números en esa columna (o fila) son múltiplos de 7.

En la tabla, los múltiplos de 7 son 7, 14, 21, 28, 35, 42, 49, 56 y 63.

7, 14, 21, 28, 35, 42, 49, 56 y 63 son múltiplos de 7, porque $1 \times 7 = 7$, $2 \times 7 = 14$, $3 \times 7 = 21$, y así sucesivamente.

×	1	2	3	4	5	6	7	8	9
1	1	2	3	4	5	6	7	8	9
2	2	4	6	8	10	12	14	16	18
3	3	6	9	12	15	18	21	24	27
4	4	8	12	16	20	24	28	32	36
5	5	10	15	20	25	30	35	40	45
6	6	12	18	24	30	36	42	48	54
7	7	14	21	28	35	42	49	56	63
8	8	16	24	32	40	48	56	64	72
9	9	18	27	36	45	54	63	72	81

Para **1** a **8**, escribe cinco múltiplos de cada número.

1. 12

2. 18

3. 40

4. 16

5. 100

6. 25

7. 50

8. 63

Para **9** a **20**, indica si el primer número es un múltiplo del segundo número.

9. 21, 7

10. 28, 3

11. 17, 3

12. 20, 4

13. 55, 5

14. 15, 5

15. 26, 4

16. 32, 8

17. 48, 7

18. 60, 2

19. 79, 4

20. 81, 3

21. ¿6 es un múltiplo o un factor de 12?

22. ¿8 es un múltiplo o un factor de 4?

23. ¿Qué número tiene 2 y 3 como factores y 12 y 18 como múltiplos?

24. ¿Qué números tienen 12, 24 y 36 como múltiplos?

Haz una lista de los números que se pueden dividir en partes iguales por 2 y por 3.

Haz una lista de los números que pueden dividir en partes iguales 12, 24 y 36.

Para **25** y **26**, usa la tabla de la derecha.

25. La familia de Paulo llegó al lugar del encuentro a las 8:30 *a. m.* ¿Cuánto tiempo tienen antes de empezar el recorrido del parque Paisajes del Lago?

26. ¿Cuánto más que el espectáculo de diapositivas dura la cena?

DATOS	Programa del encuentro de la familia Suárez	
	Recorrido del parque Paisajes del Lago	10:15 *a. m.* a 2:30 *p. m.*
	Espectáculo de diapositivas	4:15 *p. m.* a 5:10 *p. m.*
	Cena	5:30 *p. m.* a 7:00 *p. m.*
	Fogón	7:55 *p. m.* a 9:30 *p. m.*

27. Carmen hizo la siguiente lista de múltiplos de 24: 1, 2, 3, 4, 6, 8, 12 y 24. ¿Tiene razón? Explica por qué.

28. Razonamiento de orden superior ¿Cuál es el menor múltiplo que tienen en común 6 y 8? Explícalo.

☑ **Práctica para la evaluación**

29. ¿Qué números **NO** son múltiplos de 6? Escribe todos los números que NO son múltiplos de 6.

1	2	6
18	26	36

NO son múltiplos de 6
☐
☐
☐

30. ¿Qué múltiplos tienen en común 3 y 5? Escribe todos los múltiplos comunes de 3 y 5.

3	5	15
30	33	35

Múltiplos comunes de 3 y 5
☐
☐

Nombre _____

¡Revisemos!

Usa un modelo de área para hallar dos fracciones equivalentes a $\frac{1}{2}$.

Hay muchas fracciones equivalentes a $\frac{1}{2}$.

El círculo está dividido en 2 partes iguales. La parte sombreada representa $\frac{1}{2}$.	Divide el círculo en 4 partes iguales. La parte sombreada representa $\frac{2}{4}$.	Divide el círculo en 8 partes iguales. La parte sombreada representa $\frac{4}{8}$.
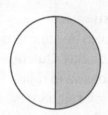	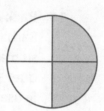	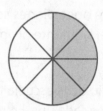

$\frac{1}{2}$, $\frac{2}{4}$ y $\frac{4}{8}$ son fracciones equivalentes.

1. Escribe una fracción equivalente a $\frac{3}{5}$.

2. Escribe dos fracciones equivalentes a $\frac{9}{12}$.

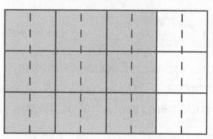

Para **3** a **10**, dibuja un modelo de área o usa tiras de fracciones para resolver los problemas.

3. $\frac{3}{5} = \frac{\square}{10}$

4. $\frac{3}{6} = \frac{\square}{12}$

5. $\frac{4}{10} = \frac{\square}{5}$

6. $\frac{3}{4} = \frac{\square}{8}$

7. $\frac{5}{10} = \frac{1}{\square}$

8. $\frac{4}{6} = \frac{\square}{12}$

9. $\frac{5}{5} = \frac{\square}{10}$

10. $\frac{1}{2} = \frac{6}{\square}$

11. Escribe dos fracciones equivalentes para describir la parte de huevos de un gris oscuro.

Para **12** y **13**, usa la tabla de la derecha.

12. A la derecha se muestran los resultados de una elección para alcalde. ¿Qué candidato recibió la mayor cantidad de votos y quién recibió la menor cantidad?

Candidato	Cantidad de votos
Leonard Hansen	12,409
Margaret O'Connor	12,926
Jillian García	12,904

DATOS

13. ¿Cuántas personas votaron por estos tres candidatos?

14. Indica qué operaciones se necesitan para resolver el siguiente problema. Luego, resuélvelo.

El auditorio de la escuela tiene 22 filas con 28 asientos cada una. En un concierto de la escuela quedan 19 asientos vacíos. ¿Cuántos asientos se ocuparon?

15. Razonamiento de orden superior

Bárbara está cubriendo el piso del cuarto de su maqueta con fichas cuadradas. Quiere que $\frac{6}{10}$ de las fichas cuadradas sean rojas. Si usa 18 fichas cuadradas rojas, ¿cuántas fichas cuadradas usará para cubrir el piso? Dibuja un modelo de área para resolver el problema.

✓ **Práctica para la evaluación**

16. Selecciona todas las fracciones que son equivalentes a $\frac{3}{4}$. Usa los modelos de área como ayuda para resolver el problema.

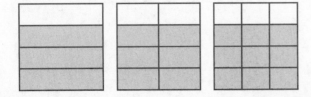

☐ $\frac{6}{6}$

☐ $\frac{2}{8}$

☐ $\frac{9}{12}$

☐ $\frac{6}{8}$

☐ $\frac{1}{2}$

17. Selecciona todos los pares que son fracciones equivalentes. Usa los modelos de área como ayuda para resolver el problema.

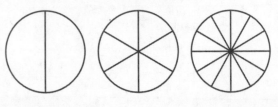

☐ $\frac{1}{6}, \frac{3}{12}$

☐ $\frac{2}{6}, \frac{4}{12}$

☐ $\frac{3}{6}, \frac{1}{2}$

☐ $\frac{1}{6}, \frac{6}{12}$

☐ $\frac{6}{6}, \frac{12}{12}$

Nombre _____

¡Revisemos!

Puedes escribir fracciones equivalentes para un punto que se muestra en una recta numérica.

Rotula la recta numérica de dos maneras diferentes.

$$\frac{1}{6} \quad \frac{2}{6} \quad \frac{3}{6} \quad \frac{4}{6} \quad \frac{5}{6}$$

El punto está en $\frac{4}{6}$.

$$0 \quad \frac{1}{12} \quad \frac{2}{12} \quad \frac{3}{12} \quad \frac{4}{12} \quad \frac{5}{12} \quad \frac{6}{12} \quad \frac{7}{12} \quad \frac{8}{12} \quad \frac{9}{12} \quad \frac{10}{12} \quad \frac{11}{12} \quad 1$$

El punto está en $\frac{8}{12}$.

$$\frac{4}{6} = \frac{8}{12}$$

$\frac{4}{6}$ y $\frac{8}{12}$ son fracciones equivalentes.

Las fracciones equivalentes representan la misma cantidad fraccionaria del mismo entero o de enteros del mismo tamaño.

Para **1** a **6**, escribe dos fracciones para el punto marcado en cada recta numérica.

1.

2.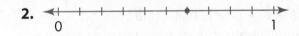

3.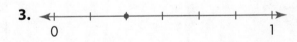

4.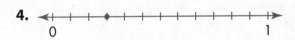

5.

6.

7. ¿Son $\frac{3}{8}$ y $\frac{3}{4}$ fracciones equivalentes? Dibuja una recta numérica para decidirlo.

8. Dibuja una recta numérica para representar que $\frac{1}{4}$ y $\frac{2}{8}$ son equivalentes.

9. Mike dice que puede hallar una fracción equivalente a $\frac{1}{10}$, aunque $\frac{1}{10}$ es una fracción unitaria. ¿Tiene razón Mike? Explícalo.

10. **Álgebra** 267 estudiantes y 21 adultos irán a una excursión de la escuela. En cada autobús viajará la misma cantidad de personas. Si hay 9 autobuses, ¿cuántas personas viajarán en cada uno? Escribe ecuaciones y resuélvelas.

11. El punto X está ubicado en $\frac{2}{3}$ sobre una recta numérica. En la misma recta numérica, el punto Y está a la misma distancia de 0 que el punto X, pero tiene un numerador de 8. ¿Cuál es el denominador de la fracción que está en el punto Y? Dibuja una recta numérica para representar el problema.

12. **Razonamiento de orden superior** Para una receta se necesita $\frac{1}{4}$ de taza de harina. Carter tiene una taza de medir que solo tiene capacidad para $\frac{1}{8}$ de taza. ¿Cómo puede Carter medir la harina que necesita para su receta?

☑ **Práctica para la evaluación**

13. Monty usa una recta numérica para hallar fracciones equivalentes a $\frac{4}{6}$.

Dice que puede hallar una fracción equivalente con un denominador mayor que 6 y una fracción equivalente con un denominador menor que 6.

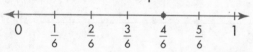

Puedes seguir dividiendo o volver a rotular la recta numérica para hallar fracciones equivalentes.

Parte A

Escribe para explicar cómo puede usar Monty la recta numérica para hallar una fracción equivalente con un denominador mayor que 6.

Parte B

Escribe para explicar cómo puede usar Monty la recta numérica para hallar una fracción equivalente con un denominador menor que 6.

Práctica Herramientas

Práctica adicional 8-3
Generar fracciones equivalentes: Multiplicación

¡Revisemos!

Halla dos fracciones que sean equivalentes a $\frac{3}{4}$.

Multiplica la fracción dada por una fracción igual a 1 para hallar fracciones equivalentes.

$$\frac{3 \times 2}{4 \times 2} = \frac{6}{8} \qquad \frac{3 \times 3}{4 \times 3} = \frac{9}{12}$$

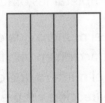 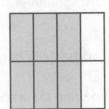 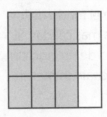

$\frac{2}{2}$ y $\frac{3}{3}$ son equivalentes a uno.

$\frac{3}{4}$, $\frac{6}{8}$ y $\frac{9}{12}$ son fracciones equivalentes. Por tanto, $\frac{3}{4} = \frac{6}{8} = \frac{9}{12}$.

Para 1 a 6, completa los números que faltan para hallar fracciones equivalentes.

1. $\frac{5 \times 2}{6 \times 2} = \frac{\boxed{}}{\boxed{}}$

2. $\frac{2 \times 3}{2 \times 3} = \frac{\boxed{}}{\boxed{}}$

3. $\frac{3 \times \boxed{}}{5 \times \boxed{}} = \frac{\boxed{}}{10}$

4. $\frac{1 \times \boxed{}}{6 \times \boxed{}} = \frac{2}{\boxed{}}$

5. $\frac{1 \times \boxed{}}{4 \times \boxed{}} = \frac{\boxed{}}{100}$

6. $\frac{2 \times \boxed{}}{3 \times \boxed{}} = \frac{8}{\boxed{}}$

Para 7 a 14, escribe una fracción equivalente para las fracciones dadas.

7. $\frac{10}{2}$

8. $\frac{4}{5}$

9. $\frac{9}{3}$

10. $\frac{3}{10}$

11. $\frac{5}{8}$

12. $\frac{5}{4}$

13. $\frac{7}{12}$

14. $\frac{9}{5}$

Para 15 a 18, escribe dos fracciones equivalentes para las fracciones dadas.

15. $\frac{10}{4}$

16. $\frac{2}{5}$

17. $\frac{4}{6}$

18. $\frac{3}{8}$

19. Escribe tres fracciones equivalentes para describir las partes del vitral que son de un gris claro.

20. enVision® STEM Durante los meses de invierno, los peces de agua dulce perciben que el agua se vuelve más fría y nadan hacia el fondo de los lagos y los ríos para hallar aguas más cálidas. Si un pez nadó $\frac{7}{8}$ de la profundidad de un lago con una profundidad de 32 pies, ¿a cuántos pies de profundidad nadó el pez?

21. (A-Z) **Vocabulario** Usa *numerador* y *denominador* para completar las oraciones.

El _____ es el número que está arriba de la barra de fracción en una fracción.

El _____ es el número que está debajo de la barra de fracción y representa la cantidad de partes iguales del entero.

22. ¿Qué cuesta más, comprar 8 impresoras a un precio de $145 cada una o 3 computadoras portátiles a un precio de $439 cada una? Explícalo.

23. **Razonamiento de orden superior** Tres octavos de los estudiantes de la clase de la Sra. Mull toman el autobús. Si hay 24 estudiantes en la clase, ¿cuántos estudiantes toman el autobús? Explica cómo usar fracciones equivalentes para resolver el problema.

Práctica para la evaluación

24. Usa cada número del recuadro una sola vez para completar la tabla.

| 2 | 4 | 6 | 8 | 10 | 12 |

Fracciones equivalentes
$\frac{1}{2} = \frac{\Box}{\Box}$
$\frac{5}{6} = \frac{\Box}{\Box}$
$\frac{3}{4} = \frac{\Box}{\Box}$

25. Bonnie debía escribir 2 fracciones equivalentes a $\frac{1}{3}$. ¿Las fracciones de Bonnie son correctas? Explícalo.

$\frac{2}{6}$ $\frac{3}{12}$

Nombre _____

¡Revisemos!

Usa la división para hallar dos fracciones equivalentes a $\frac{8}{12}$.

Para hallar una fracción equivalente, divide el numerador y el denominador por cualquier factor común distinto de 1.

$$\frac{8}{12} \div \frac{2}{2} = \frac{4}{6} \qquad \frac{8}{12} \div \frac{4}{4} = \frac{2}{3}$$

$\frac{8}{12}$, $\frac{4}{6}$ y $\frac{2}{3}$ son fracciones equivalentes.

Para 1 a 8, completa los números que faltan para hallar fracciones equivalentes.

1. $\frac{5 \div 5}{10 \div 5} = \frac{\square}{\square}$

2. $\frac{2 \div 2}{12 \div 2} = \frac{\square}{\square}$

3. $\frac{12 \div 3}{6 \div 3} = \frac{\square}{\square}$

4. $\frac{40 \div 10}{100 \div 10} = \frac{\square}{\square}$

5. $\frac{25 \div \square}{100 \div \square} = \frac{\square}{4}$

6. $\frac{8 \div \square}{12 \div \square} = \frac{2}{\square}$

7. $\frac{70 \div \square}{100 \div \square} = \frac{7}{\square}$

8. $\frac{18 \div \square}{10 \div \square} = \frac{9}{\square}$

Para 9 a 16, halla una fracción equivalente para cada fracción dada.

9. $\frac{75}{100}$

10. $\frac{4}{10}$

11. $\frac{10}{12}$

12. $\frac{200}{100}$

13. $\frac{24}{100}$

14. $\frac{60}{12}$

15. $\frac{84}{100}$

16. $\frac{70}{10}$

Para 17 a 24, divide para hallar dos fracciones equivalentes.

17. $\frac{500}{100}$

18. $\frac{4}{12}$

19. $\frac{30}{10}$

20. $\frac{60}{100}$

21. $\frac{50}{10}$

22. $\frac{6}{12}$

23. $\frac{12}{8}$

24. $\frac{18}{6}$

25. ¿Qué fracción de la rueda es de un gris oscuro? Escribe dos fracciones equivalentes.

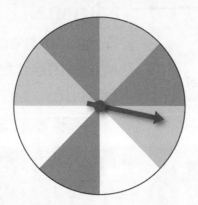

26. Resuelve el siguiente acertijo numérico:

Soy un número impar.

Soy menor que 100.

La suma de mis dígitos es 12.

Soy múltiplo de 15.

¿Qué número soy?

27. Bob tardó 55 minutos en limpiar el garaje. ¿Cuántos segundos tardó Bob? Un minuto tiene 60 segundos.

28. Betty está envasando 104 peras y 126 manzanas por separado. En cada frasco caben 8 peras o 6 manzanas. ¿Cuántos frascos necesita Betty?

29. Evaluar el razonamiento Laurie dice que el verano dura $\frac{1}{4}$ del año. María dice que el verano dura $\frac{3}{12}$ del año. ¿Quién tiene razón? Explícalo.

30. Razonamiento de orden superior Cindy usa la división para escribir una fracción equivalente a $\frac{30}{100}$. Intentó dividir el numerador y el denominador por 3. No pudo seguir adelante. ¿Qué consejo le darías?

✓ **Práctica para la evaluación**

31. ¿Qué ecuación **NO** es verdadera?

Ⓐ $\frac{10}{12} = \frac{5}{6}$

Ⓑ $\frac{69}{100} = \frac{6}{10}$

Ⓒ $\frac{10}{5} = \frac{200}{100}$

Ⓓ $\frac{12}{4} = \frac{6}{2}$

32. Cuatro de las 12 frutas de la canasta son manzanas. Selecciona todas las fracciones siguientes que son equivalentes a la fracción de las frutas que son manzanas.

☐ $\frac{3}{6}$

☐ $\frac{1}{3}$

☐ $\frac{2}{6}$

☐ $\frac{1}{4}$

☐ $\frac{1}{6}$

Nombre _____

Práctica adicional 8-5
Usar puntos de referencia para comparar fracciones

¡Revisemos!

Compara $\frac{6}{8}$ y $\frac{5}{12}$.

Una manera

Compara las fracciones con $\frac{1}{2}$.

$$\frac{6}{8} > \frac{1}{2} \qquad \frac{5}{12} < \frac{1}{2}$$

$$\frac{6}{8} > \frac{5}{12}$$

Otra manera

Compara las fracciones con 0 y con 1.

$\frac{6}{8}$ está más cerca de 1 que de 0.

$\frac{5}{12}$ está más cerca de 0 que de 1.

$$\frac{6}{8} > \frac{5}{12}$$

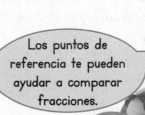

Los puntos de referencia te pueden ayudar a comparar fracciones.

Para 1 a 6, escribe tres fracciones que coincidan con cada enunciado.

1. Fracciones iguales a $\frac{1}{2}$

2. Fracciones menores que $\frac{1}{2}$

3. Fracciones mayores que 1

4. Fracciones más cerca de 1 que de 0

5. Fracciones más cerca de 0 que de 1

6. Fracciones mayores que $\frac{1}{2}$

Para 7 a 18, compara usando fracciones de referencia o 1. Luego, escribe <, > o =.

7. $\frac{3}{4} \bigcirc \frac{2}{10}$

8. $\frac{4}{12} \bigcirc \frac{7}{10}$

9. $\frac{5}{10} \bigcirc \frac{1}{2}$

10. $\frac{3}{8} \bigcirc \frac{6}{12}$

11. $\frac{7}{8} \bigcirc \frac{2}{5}$

12. $\frac{15}{12} \bigcirc \frac{5}{6}$

13. $\frac{5}{5} \bigcirc \frac{4}{4}$

14. $\frac{4}{6} \bigcirc \frac{1}{3}$

15. $\frac{8}{10} \bigcirc \frac{3}{5}$

16. $\frac{5}{8} \bigcirc \frac{6}{12}$

17. $\frac{48}{12} \bigcirc \frac{10}{5}$

18. $\frac{9}{12} \bigcirc \frac{5}{6}$

19. Escribe tres fracciones que sean mayores que $\frac{1}{2}$ y menores que 1.

20. **Evaluar el razonamiento** Mary vive a $\frac{6}{10}$ de milla de la escuela. Thad vive a $\frac{9}{8}$ millas de la escuela. Mary dice que Thad vive más lejos de la escuela. ¿Tiene razón? Explícalo.

21. El Sr. Phillips mezcla pintura para su clase de arte. ¿Cuántas botellas de 6 onzas puede llenar con las cantidades de pintura que se muestran a la derecha? Explícalo.

> Pintura
>
> 64 onzas de azul
>
> 12 onzas de amarillo
>
> 32 onzas de blanco

22. Sandra usó fracciones de referencia para describir algunos insectos que recogió. Dijo que la mariquita mide alrededor de $\frac{1}{4}$ de pulgada de longitud y que el grillo mide alrededor de $\frac{2}{3}$ de pulgada de longitud. ¿Qué insecto es más largo?

23. **Razonamiento de orden superior** Austin dijo: "Sé que $\frac{1}{4}$ es menor que $\frac{1}{2}$; por tanto, eso quiere decir que $\frac{3}{12}$ es menor que $\frac{1}{2}$". ¿Tiene sentido el razonamiento de Austin? Explícalo.

☑ **Práctica para la evaluación**

24. Kiyo y Steven colocan baldosas en los pisos de un edificio de oficinas. Kiyo colocó baldosas en $\frac{3}{6}$ del piso de una oficina y Steven colocó baldosas en $\frac{5}{12}$ del piso de otra oficina.

Explica cómo usar una fracción de referencia para determinar quién colocó baldosas en una porción más grande del piso.

Puedes comparar estas fracciones porque los pisos de las oficinas tienen el mismo tamaño.

Nombre _____

¡Revisemos!

Compara $\frac{2}{3}$ y $\frac{1}{2}$.

Una manera

Expresa una o las dos fracciones de otra manera para que las dos tengan el mismo denominador.

Expresa $\frac{2}{3}$ y $\frac{1}{2}$ de otra manera.

$\frac{2}{3} = \frac{2 \times 2}{3 \times 2} = \frac{4}{6}$

$\frac{1}{2} = \frac{1 \times 3}{2 \times 3} = \frac{3}{6}$

$\frac{4}{6} > \frac{3}{6}$; por tanto, $\frac{2}{3} > \frac{1}{2}$.

Otra manera

Expresa una o las dos fracciones de otra manera para que las dos tengan el mismo numerador.

Separa $\frac{2}{3}$. Expresa $\frac{1}{2}$ de otra manera.

$\frac{1}{2} = \frac{1 \times 2}{2 \times 2} = \frac{2}{4}$

$\frac{2}{3} > \frac{2}{4}$; por tanto, $\frac{2}{3} > \frac{1}{2}$.

Si dos fracciones tienen el mismo numerador, la que tiene el denominador más bajo es la mayor.

Para **1** a **16**, halla fracciones equivalentes para comparar. Luego, escribe <, > o =.

1. $\frac{5}{6} \bigcirc \frac{2}{3}$

2. $\frac{1}{5} \bigcirc \frac{2}{8}$

3. $\frac{9}{10} \bigcirc \frac{3}{4}$

4. $\frac{3}{4} \bigcirc \frac{2}{8}$

5. $\frac{7}{8} \bigcirc \frac{1}{2}$

6. $\frac{2}{5} \bigcirc \frac{2}{6}$

7. $\frac{1}{3} \bigcirc \frac{3}{8}$

8. $\frac{2}{10} \bigcirc \frac{3}{5}$

9. $\frac{8}{10} \bigcirc \frac{3}{4}$

10. $\frac{3}{8} \bigcirc \frac{9}{12}$

11. $\frac{2}{3} \bigcirc \frac{10}{12}$

12. $\frac{7}{8} \bigcirc \frac{3}{4}$

13. $\frac{3}{4} \bigcirc \frac{7}{8}$

14. $\frac{2}{4} \bigcirc \frac{4}{8}$

15. $\frac{6}{8} \bigcirc \frac{8}{12}$

16. $\frac{1}{3} \bigcirc \frac{4}{8}$

Para **17** y **18**, usa la tabla de la derecha. La misma cantidad de estudiantes asistió a la escuela todos los días.

17. ¿Cuándo compraron el almuerzo más estudiantes, el jueves o el miércoles?

18. ¿Cuándo compraron el almuerzo más estudiantes, el lunes o el viernes?

Día	Fracción de estudiantes que compraron almuerzo
Lunes	$\frac{1}{2}$
Martes	$\frac{2}{5}$
Miércoles	$\frac{3}{4}$
Jueves	$\frac{5}{8}$
Viernes	$\frac{4}{6}$

DATOS

19. Sentido numérico Explica cómo sabes que $\frac{21}{100}$ es mayor que $\frac{1}{5}$.

20. Se dividió una naranja en 10 partes iguales. Lily comió 4 partes. Manny y Emma comieron las partes que quedaban. ¿Qué fracción de la naranja comieron Manny y Emma?

---

21. ¿Qué parte es más larga: $\frac{1}{4}$ de la recta A o $\frac{1}{4}$ de la recta B? Explícalo.

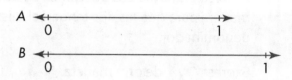

---

22. Evaluar el razonamiento James dice que $\frac{5}{5}$ es mayor que $\frac{9}{10}$. ¿Tiene razón James? Explícalo.

23. Escribe 3 fracciones con distintos denominadores que sean mayores que la siguiente fracción.

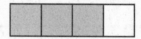

---

24. Ann trabaja en una tienda del centro comercial y gana un salario de $8 por hora. Gana $10 por hora si trabaja los fines de semana. La semana pasada trabajó 24 horas durante la semana y 16 horas el fin de semana. ¿Cuánto ganó Ann la semana pasada?

25. Razonamiento de orden superior Cuatro amigos pidieron una pizza individual para cada uno en un restaurante. Suzy comió $\frac{3}{8}$ de su pizza. Ethan comió $\frac{3}{5}$ de su pizza. Tenaya comió $\frac{4}{6}$ de su pizza. Sam comió $\frac{1}{3}$ de su pizza. ¿Quiénes comieron más de la mitad de su pizza? ¿Y menos de la mitad?

☑ **Práctica para la evaluación**

26. Selecciona todas las comparaciones correctas.

☐ $\frac{10}{12} > \frac{5}{6}$

☐ $\frac{6}{8} = \frac{3}{4}$

☐ $\frac{1}{8} > \frac{1}{10}$

☐ $\frac{9}{10} < \frac{4}{5}$

☐ $\frac{1}{100} > \frac{1}{10}$

27. Selecciona todas las fracciones que son mayores que $\frac{8}{12}$.

☐ $\frac{6}{6}$

☐ $\frac{50}{100}$

☐ $\frac{2}{4}$

☐ $\frac{5}{6}$

☐ $\frac{4}{6}$

¡Revisemos!

Gina y su hermano Dante hicieron pan de maíz en bandejas para hornear del mismo tamaño. Gina comió $\frac{1}{4}$ de la bandeja de pan de maíz. Dante comió $\frac{3}{8}$ de la bandeja.

Indica cómo puedes construir un argumento para justificar la conjetura de que Dante comió más pan de maíz.

- Puedo decidir si la conjetura tiene sentido para mí.

- Puedo usar dibujos y números para explicar mi razonamiento.

> Cuando construyes argumentos, usas dibujos y números para explicar.

Una manera

Puedo hacer un dibujo de dos enteros del mismo tamaño para demostrar que Dante comió más pan de maíz.

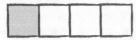 

$\frac{1}{4} < \frac{3}{8}$

Dante comió más pan de maíz.

Otra manera

Puedo usar denominadores comunes para comparar $\frac{1}{4}$ y $\frac{3}{8}$. $\frac{1}{4}$ es equivalente a $\frac{2}{8}$.

Luego, puedo comparar los numeradores de $\frac{2}{8}$ y $\frac{3}{8}$. Dado que los denominadores son iguales y $\frac{3}{8}$ tiene el numerador mayor, $\frac{3}{8} > \frac{2}{8}$. Dante comió más pan de maíz.

1. **Construir argumentos** Un ser humano tiene en general 20 dientes de leche que son reemplazados por 32 dientes definitivos. A Raúl se le cayeron 8 de sus dientes de leche. Dijo que se le cayeron $\frac{4}{10}$ de sus dientes de leche. Ana dijo que a Raúl se le cayeron $\frac{2}{5}$ de sus dientes de leche. ¿Cuáles de estas conjeturas son verdaderas? Construye un argumento para justificar tu respuesta.

> Recuerda que un buen argumento es correcto, simple, completo y fácil de entender.

2. **Construir argumentos** Trip tiene 15 monedas que valen 95 centavos. Cuatro de las monedas valen cada una dos veces lo que vale cada una de las demás monedas. Construye un argumento matemático para justificar la conjetura de que Trip tiene 11 monedas de 5¢ y 4 monedas de 10¢.

Peso y alimento de los animales

Molly afirma que el animal de la tabla que pesa más come más. También afirma que el animal que pesa menos come menos.

DATOS	Animal	Peso	Cantidad de alimento
	Caribú	$\frac{7}{10}$ de tonelada	12 libras por día
	Jirafa	$\frac{7}{8}$ de tonelada	100 libras por día
	Panda	$\frac{1}{4}$ de tonelada	301 libras por semana
	Tigre de Siberia	$\frac{1}{3}$ de tonelada	55 libras por día

3. Entender y perseverar ¿Qué animal come más? Explícalo.

4. Construir argumentos ¿El animal que come más pesa más que los otros animales? Explícalo e incluye cómo hiciste cada comparación.

Recuerda que puedes usar palabras, objetos, dibujos o diagramas cuando construyes un argumento.

5. Evaluar el razonamiento Explica si estás de acuerdo con la afirmación de Molly.

6. Razonar El caribú come menos. ¿Pesa menos? Explícalo.

¡Revisemos!

Ocho amigos salieron a almorzar. Cuatro de ellos comieron pizza. Dos comieron hamburguesas y dos tomaron sopa. ¿Qué fracción del grupo pidió pizza o sopa?

Puedes usar un modelo de fracciones circular para sumar las fracciones.

Divide un círculo en octavos para representar a las 8 personas del grupo.

Cuatro personas comieron pizza. Colorea 4 de las secciones para representar $\frac{4}{8}$.

Dos personas tomaron sopa. Colorea otras 2 secciones para representar $\frac{2}{8}$.

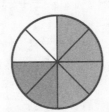

Cuenta la cantidad de secciones de $\frac{1}{8}$. Hay seis secciones de $\frac{1}{8}$ coloreadas. Por tanto, $\frac{6}{8}$ del grupo pidieron pizza o sopa.

$$\frac{4}{8} + \frac{2}{8} = \frac{6}{8}$$

Suma los numeradores. Luego, escribe el resultado sobre el mismo denominador.

Para **1** a **12**, halla las sumas. Usa alguna herramienta.

1. $\frac{1}{5} + \frac{1}{5}$

2. $\frac{4}{6} + \frac{1}{6}$

3. $\frac{5}{8} + \frac{2}{8}$

4. $\frac{2}{12} + \frac{2}{12}$

5. $\frac{2}{5} + \frac{3}{5}$

6. $\frac{2}{10} + \frac{3}{10}$

7. $\frac{5}{8} + \frac{3}{8}$

8. $\frac{3}{10} + \frac{1}{10}$

9. $\frac{3}{4} + \frac{1}{4}$

10. $\frac{5}{10} + \frac{4}{10}$

11. $\frac{1}{6} + \frac{1}{6} + \frac{1}{6}$

12. $\frac{1}{12} + \frac{5}{12} + \frac{2}{12}$

13. Evaluar el razonamiento Cuando Jared halló $\frac{1}{5} + \frac{2}{5}$, escribió que la suma era $\frac{3}{10}$. ¿Tiene razón Jared? Explícalo.

14. Razonamiento de orden superior Leah escribió 2 fracciones diferentes con el mismo denominador. Las dos fracciones eran menores que 1. ¿Puede la suma ser igual a 1? ¿Puede la suma ser mayor que 1? Explícalo.

15. Sasha tiene una caja de cartas antiguas. Quiere darle la misma cantidad de cartas a cada una de sus 5 amigas. ¿Cuántas cartas antiguas recibirá cada amiga?

Hay 130 cartas antiguas en la caja.

16. Sandy hizo 8 pulseras de la amistad. Les dio $\frac{1}{8}$ a su mejor amiga y $\frac{5}{8}$ a sus amigas del equipo de tenis. Escribe y resuelve una ecuación para hallar la fracción que representa la cantidad de pulseras, p, que regaló Sandy.

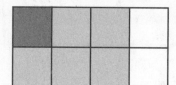

17. Dibuja una recta numérica para representar $\frac{2}{3} + \frac{2}{3}$.

✓ Práctica para la evaluación

18. Billy hizo $\frac{1}{6}$ de su tarea el viernes. Hizo $\frac{1}{6}$ más el sábado. A Billy le queda hacer $\frac{4}{6}$ para terminar. ¿Qué parte de su tarea hizo Billy el viernes y el sábado?

Ⓐ $\frac{2}{6}$

Ⓒ $\frac{4}{6}$

Ⓑ $\frac{3}{6}$

Ⓓ $\frac{5}{6}$

19. Roberto comparte una bolsa de almendras con 2 amigos. Comparte $\frac{1}{8}$ de la bolsa con Jeremy y $\frac{2}{8}$ de la bolsa con Emily. Él come $\frac{3}{8}$ de las almendras. ¿Qué fracción de las almendras comen Roberto y sus amigos?

Ⓐ $\frac{1}{12}$

Ⓒ $\frac{6}{8}$

Ⓑ $\frac{3}{8}$

Ⓓ $\frac{7}{8}$

Nombre _____

¡Revisemos!

Shannon quiere usar $\frac{5}{8}$ del espacio de su jardín para plantar petunias y caléndulas. ¿Cómo puede usar el espacio disponible?

1				
$\frac{1}{8}$	$\frac{1}{8}$	$\frac{1}{8}$	$\frac{1}{8}$	$\frac{1}{8}$

Hay más de dos soluciones para este problema.

Escribe $\frac{5}{8}$ como la suma de fracciones de dos maneras diferentes.

$$\frac{5}{8} = \frac{1}{8} + \frac{4}{8} \qquad \frac{5}{8} = \frac{2}{8} + \frac{3}{8}$$

Shannon puede usar $\frac{1}{8}$ del espacio para petunias y $\frac{4}{8}$ para caléndulas

o puede usar $\frac{2}{8}$ del espacio para petunias y $\frac{3}{8}$ para caléndulas.

Para **1** a **8**, descompón las fracciones o los números mixtos de dos maneras diferentes. Usa alguna herramienta si es necesario.

1. $\frac{4}{8} =$

$\frac{4}{8} =$

2. $\frac{7}{10} =$

$\frac{7}{10} =$

3. $\frac{4}{5} =$

$\frac{4}{5} =$

4. $\frac{3}{10} =$

$\frac{3}{10} =$

5. $1\frac{1}{4} =$

$1\frac{1}{4} =$

6. $2\frac{2}{3} =$

$2\frac{2}{3} =$

¡Acepta el desafío! Incluye maneras de descomponer una fracción o un número mixto en más de dos partes.

7. $1\frac{3}{5} =$

$1\frac{3}{5} =$

8. $1\frac{1}{2} =$

$1\frac{1}{2} =$

9. Yvonne corrió $\frac{3}{8}$ de la carrera antes de detenerse a beber agua. Quiere detenerse a beber agua una vez más antes de terminar la carrera. Haz una lista de dos maneras en que Yvonne puede hacerlo.

| $\frac{1}{8}$ | $\frac{1}{8}$ | $\frac{1}{8}$ | $\frac{1}{8}$ | $\frac{1}{8}$ | $\frac{1}{8}$ | $\frac{1}{8}$ | $\frac{1}{8}$ |

10. **Razonar** Un maestro observó que $\frac{5}{8}$ de los estudiantes usaban pantalones cortos azules o blancos. Escribe dos maneras diferentes de obtener este resultado.

11. Connie preparó $1\frac{1}{3}$ libras de mezcla de nueces y frutas secas para una caminata. ¿Hay alguna manera en la que Connie pueda separar la mezcla en cuatro bolsas? Explícalo.

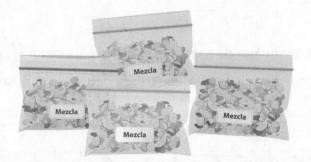

12. La tienda de Joseph, Roscas Express, ganó $4,378 en un festival vendiendo roscas de chocolate o vainilla a $2 cada una. Si vendieron 978 roscas de chocolate, ¿cuántas roscas de vainilla vendieron?

13. **Razonamiento de orden superior** Mark descompuso $\frac{5}{6}$ en tres fracciones. Ninguna de las fracciones tiene el número 6 como denominador. ¿Qué fracciones pudo haber usado Mark? Recuerda que puedes usar fracciones equivalentes.

☑ **Práctica para la evaluación**

14. Selecciona todas las maneras en las que puedes descomponer $\frac{9}{10}$. Usa un modelo de fracción si es necesario.

- ☐ $\frac{4}{10} + \frac{5}{10}$
- ☐ $\frac{3}{10} + \frac{1}{10} + \frac{1}{10} + \frac{1}{10} + \frac{1}{10} + \frac{1}{10}$
- ☐ $\frac{3}{10} + \frac{7}{10}$
- ☐ $\frac{1}{10} + \frac{1}{10} + \frac{3}{10} + \frac{4}{10}$
- ☐ $\frac{4}{10} + \frac{2}{10} + \frac{2}{10} + \frac{1}{10}$

15. Selecciona todas las maneras en las que puedes descomponer $1\frac{3}{8}$. Usa un modelo de fracción si es necesario.

- ☐ $\frac{3}{8} + \frac{3}{8} + \frac{3}{8} + \frac{2}{8}$
- ☐ $1 + \frac{3}{8}$
- ☐ $\frac{8}{8} + \frac{3}{8}$
- ☐ $\frac{5}{8} + \frac{5}{8} + \frac{1}{8}$
- ☐ $1 + \frac{1}{4} + \frac{2}{4}$

Práctica   Herramientas

¡Revisemos!

Halla $\frac{4}{8} + \frac{2}{8}$.

> Cuando sumas fracciones con el mismo denominador, suma los numeradores y mantén los denominadores iguales.

$\frac{4}{8} = \frac{1}{8} + \frac{1}{8} + \frac{1}{8} + \frac{1}{8}$ $\frac{2}{8} = \frac{1}{8} + \frac{1}{8}$

0 ———————————————— 1

$\frac{4}{8} + \frac{2}{8} = \frac{4+2}{6} = \frac{6}{8}$

Para **1** a **18**, halla las sumas. Usa dibujos o tiras de fracciones si es necesario.

1. $\frac{1}{3} + \frac{1}{3}$

2. $\frac{3}{10} + \frac{6}{10}$

3. $\frac{5}{12} + \frac{2}{12}$

4. $\frac{3}{12} + \frac{7}{12}$

5. $\frac{5}{10} + \frac{3}{10}$

6. $\frac{2}{8} + \frac{4}{8}$

7. $\frac{7}{10} + \frac{3}{10}$

8. $\frac{1}{8} + \frac{6}{8}$

9. $\frac{1}{10} + \frac{5}{10}$

10. $\frac{4}{5} + \frac{1}{5}$

11. $\frac{2}{8} + \frac{6}{8}$

12. $\frac{6}{10} + 0$

13. $\frac{1}{5} + \frac{2}{5} + \frac{4}{5}$

14. $\frac{2}{8} + \frac{1}{8} + \frac{12}{8}$

15. $\frac{2}{6} + \frac{10}{6}$

16. $\frac{20}{100} + \frac{25}{100} + \frac{25}{100}$

17. $\frac{2}{10} + \frac{6}{10} + \frac{1}{10}$

18. $\frac{10}{10} + \frac{10}{10} + \frac{10}{10}$

Para **19** a **21**, usa la tabla de la derecha.

19. ¿Qué fracción de los estudiantes votaron por jugo de frutas o gaseosa?

20. ¿Qué dos bebidas tienen una suma de $\frac{5}{8}$ de los votos de los estudiantes?

21. **Representar con modelos matemáticos**
Escribe y resuelve una ecuación para hallar qué fracción de los estudiantes, *f*, votó por jugo o agua.

Bebida favorita	Fracción de votos de los estudiantes
Té helado	$\frac{3}{8}$
Jugo de frutas	$\frac{2}{8}$
Agua	$\frac{1}{8}$
Gaseosa	$\frac{2}{8}$

DATOS

---

22. Un autobús viajó 336 millas en 7 horas. Viajó la misma cantidad de millas cada hora. Si sigue viajando la misma cantidad de millas por hora, ¿cuántas millas viajará en 15 horas? Explícalo.

23. **Razonamiento de orden superior** ¿Cómo puedes sumar $\frac{3}{10}$ y $\frac{2}{5}$? Explícalo.

Piensa un nombre distinto para $\frac{2}{5}$.

Práctica para la evaluación

24. Empareja cada expresión con su suma.

	$\frac{4}{8}$	$\frac{6}{8}$	$\frac{7}{8}$	$1\frac{1}{8}$
$\frac{5}{8}+\frac{1}{8}$	☐	☐	☐	☐
$\frac{6}{8}+\frac{3}{8}$	☐	☐	☐	☐
$\frac{3}{8}+\frac{4}{8}$	☐	☐	☐	☐
$\frac{2}{8}+\frac{2}{8}$	☐	☐	☐	☐

25. En el pedido que hizo Fred al servicio de banquetes, $\frac{5}{12}$ de los almuerzos son sándwiches, $\frac{2}{12}$ son ensaladas y $\frac{4}{12}$ son pastas. ¿Qué ecuación puede usarse para hallar *p*, la fracción del pedido que son sándwiches o ensaladas?

Ⓐ $p=\frac{5}{12}+\frac{4}{12}$

Ⓑ $p=\frac{5}{12}+\frac{2}{12}$

Ⓒ $p=\frac{2}{12}+\frac{4}{12}$

Ⓓ $p=\frac{5}{12}+\frac{2}{12}+\frac{4}{12}$

118 **Tema 9** | Lección 9-3

Nombre _____

¡Revisemos!

Kimberly cortó una pizza en 10 porciones iguales.
Comió 2 porciones. ¿Qué fracción de la pizza quedó?
Recuerda que $\frac{10}{10} = 1$ pizza entera.

Paso 1

Divide un círculo en décimos para representar la pizza cortada en 10 porciones.

Paso 2

Quita las 2 porciones o $\frac{2}{10}$ de la pizza que comió Kimberly.

Paso 3

Cuenta las porciones que quedan y escribe la resta.

$$\frac{10}{10} - \frac{2}{10} = \frac{8}{10}$$

Quedan $\frac{8}{10}$ de la pizza.

Para **1** a **12**, halla las diferencias. Usa tiras de fracciones u otras herramientas si es necesario.

1. $\frac{3}{5} - \frac{2}{5}$

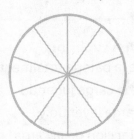

2. $\frac{7}{10} - \frac{3}{10}$

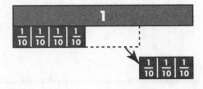

3. $\frac{4}{4} - \frac{2}{4}$

4. $\frac{8}{10} - \frac{5}{10}$

5. $\frac{6}{6} - \frac{3}{6}$

6. $\frac{11}{12} - \frac{7}{12}$

7. $\frac{5}{6} - \frac{2}{6}$

8. $\frac{4}{8} - \frac{2}{8}$

9. $\frac{11}{12} - \frac{8}{12}$

10. $\frac{9}{8} - \frac{2}{8}$

11. $\frac{24}{4} - \frac{18}{4}$

12. $\frac{30}{10} - \frac{20}{10}$

13. Eddie observó que, de 10 estudiantes, uno llevaba zapatos color café y siete llevaban zapatos negros. ¿Qué fracción de los estudiantes **NO** llevaban zapatos cafés o negros?

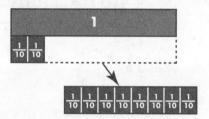

14. Entender y perseverar Un maratón es una carrera de aproximadamente 26 millas. Cindy corrió 5 millas antes de hacer el primer descanso para beber agua. Luego, corrió otras 7 millas y se detuvo nuevamente para beber agua. Después de otras 6 millas, hizo su último descanso para tomar agua. ¿Aproximadamente qué distancia le falta a Cindy para llegar a la meta?

15. Álgebra Jeffrey ya corrió $\frac{3}{8}$ de la carrera. ¿Qué fracción de la carrera le falta correr a Jeffrey? Escribe y resuelve una ecuación.

16. Razonamiento de orden superior
La tableta de Rob tiene la batería totalmente cargada. Rob usa $\frac{1}{12}$ de la carga jugando videojuegos, $\frac{5}{12}$ de la carga leyendo y $\frac{3}{12}$ haciendo tarea. ¿Qué fracción de la carga queda en la tableta de Rob?

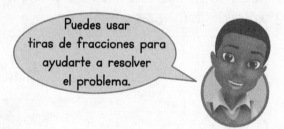

Puedes usar tiras de fracciones para ayudarte a resolver el problema.

☑ **Práctica para la evaluación**

17. ¿Qué resta tiene un resultado de $\frac{2}{5}$?

Ⓐ $\frac{3}{5} - \frac{2}{5}$

Ⓑ $\frac{3}{6} - \frac{1}{2}$

Ⓒ $\frac{4}{5} - \frac{1}{5}$

Ⓓ $\frac{5}{5} - \frac{3}{5}$

18. ¿Qué resta tiene un resultado de $\frac{2}{3}$?

Ⓐ $\frac{7}{3} - \frac{5}{3}$

Ⓑ $\frac{5}{3} - \frac{2}{3}$

Ⓒ $\frac{2}{3} - \frac{1}{3}$

Ⓓ $\frac{8}{3} - \frac{7}{3}$

120   **Tema 9** | Lección 9-4

Práctica Herramientas

¡Revisemos!

Flora tiene $\frac{10}{8}$ tazas de harina. Usa $\frac{6}{8}$ de taza para hacer masa. ¿Cuánta harina, *n*, le queda a Flora?

$$\frac{10}{8}$$

$\frac{6}{8}$	*n*

Resta los numeradores. Escribe la diferencia sobre el mismo denominador.

$$n = \frac{10}{8} - \frac{6}{8}, \; n = \frac{4}{8}$$

A Flora le quedan $\frac{4}{8}$ de taza de harina.

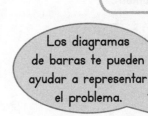

Los diagramas de barras te pueden ayudar a representar el problema.

Para **1** a **10**, resta las fracciones.

1. $\frac{6}{8} - \frac{3}{8}$

$$\frac{6}{8}$$

$\frac{3}{8}$	*n*

2. $\frac{4}{6} - \frac{1}{6}$

$$\frac{4}{6}$$

$\frac{1}{6}$	*n*

3. $\frac{4}{5} - \frac{3}{5}$

$$\frac{4}{5}$$

$\frac{3}{5}$	*n*

4. $\frac{3}{6} - \frac{1}{6}$

$$\frac{3}{6}$$

$\frac{1}{6}$	*n*

5. $\frac{97}{100} - \frac{40}{100}$

6. $\frac{5}{8} - \frac{1}{8}$

7. $\frac{10}{10} - \frac{9}{10}$

8. $\frac{17}{12} - \frac{5}{12}$

9. $\frac{33}{100} - \frac{4}{100}$

10. $\frac{50}{100} - \frac{10}{100}$

11. Representar con modelos matemáticos
Un ingeniero dice que un caño debe tener una longitud de $\frac{7}{10}$ de centímetro. El caño tiene $\frac{9}{10}$ de centímetro de longitud. ¿Cuánto hay que cortar del caño? Escribe una ecuación.

$\frac{9}{10}$ de centímetro

n	$\frac{7}{10}$

12. Un mural con mosaicos está dividido en 100 secciones iguales. Si 30 secciones están reservadas para azulejos anaranjados y 40 secciones están reservadas para azulejos azules, ¿qué fracción del mural queda para otros colores?

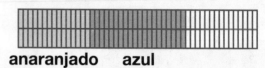

anaranjado   azul

13. Sentido numérico Jonah piensa en un número de 2 dígitos. Es un múltiplo de 6 y de 12. Es un factor de 108. La suma de sus dígitos es 9. ¿En qué número piensa Jonah?

14. En una bolsa de 100 globos, 12 son rojos y 13 son verdes. ¿Qué fracción de los globos de la bolsa **NO** son rojos o verdes?

15. enVision® STEM Mary vio dos ranas venenosas. Una medía $\frac{7}{8}$ de pulgada y la otra medía $\frac{5}{8}$ de pulgada. ¿Cuánto más larga que una era la otra?

16. Razonamiento de orden superior Diego comparó las diferencias de $\frac{10}{10} - \frac{1}{10}$ y $\frac{100}{100} - \frac{10}{100}$. Dice que las dos diferencias son $\frac{9}{10}$. ¿Tiene razón? Explícalo.

✓ **Práctica para la evaluación**

17. Teri tiene $\frac{9}{10}$ de kilogramo de naranjas. Comió $\frac{2}{10}$ de kilogramo. ¿Cuánto le queda?

18. Conner comió $\frac{7}{12}$ de su sándwich. Escribe y resuelve una ecuación para hallar s, la parte del sándwich que queda.

$\frac{12}{12}$

$\frac{7}{12}$	s

Nombre _____

Práctica Herramientas

¡Revisemos!

Katie y sus amigos encontraron $\frac{7}{8}$ de un pastel de manzana en la cocina. Comieron $\frac{4}{8}$. ¿Cuánto queda del pastel?

Resta para hallar cuánto queda del pastel.

Lo que muestras

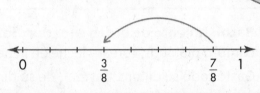

Lo que escribes

$$\frac{7}{8} - \frac{4}{8} = \frac{3}{8}$$

Quedan $\frac{3}{8}$ del pastel.

Para **1** a **4**, escribe la ecuación que se muestra en la recta numérica.

1.

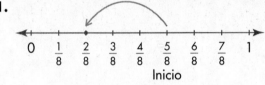

2.

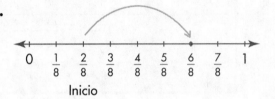

3.

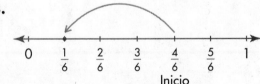

4.

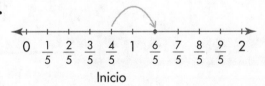

Para **5** a **13**, suma o resta las fracciones. Usa una recta numérica si es necesario.

5. $\frac{2}{6} + \frac{1}{6}$

6. $\frac{7}{12} - \frac{2}{12}$

7. $\frac{1}{8} + \frac{5}{8}$

8. $\frac{1}{4} + \frac{3}{4}$

9. $\frac{9}{10} - \frac{3}{10}$

10. $\frac{2}{3} + \frac{3}{3}$

11. $\frac{4}{5} + \frac{3}{5}$

12. $\frac{9}{8} - \frac{6}{8}$

13. $\frac{1}{3} + \frac{5}{3}$

14. Evaluar el razonamiento Robbie dibujó la siguiente recta numérica para hallar $\frac{4}{5} - \frac{1}{5}$. Explica por qué no tiene razón.

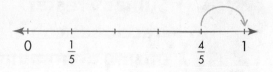

15. Kayla usó $\frac{4}{10}$ de su mesada para comprar yogur y $\frac{5}{10}$ de su mesada para ir a patinar. ¿Qué fracción de su mesada le queda? Explícalo.

16. ¿Qué niño bebió más jugo en total? ¿Cuánto jugo bebió ese niño?

17. Razonamiento de orden superior Sofía compró plátanos, cereal y leche en la tienda. Gastó todo su dinero. Gastó $\frac{3}{10}$ de su dinero en plátanos y $\frac{4}{10}$ de su dinero en cereal. ¿Qué fracción de dinero gastó en leche? Escribe ecuaciones y resuélvelas.

☑ **Práctica para la evaluación**

18. Usa cada fracción de la caja una sola vez. Completa los números que faltan en la recta numérica para mostrar $\frac{7}{10} + \frac{2}{10}$.

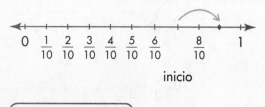

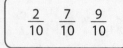

19. Usa cada fracción de la caja una sola vez. Completa los números que faltan en la recta numérica para mostrar $\frac{5}{6} - \frac{3}{6}$.

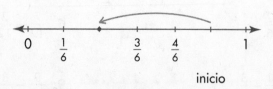

124 **Tema 9** | Lección 9-6

Nombre _____

Práctica Herramientas

Práctica
adicional 9-7
Representar la
suma y la resta de
números mixtos

¡Revisemos!

Puedes usar tiras de fracciones o rectas numéricas para representar la suma y la resta de números mixtos.

Usa una recta numérica para hallar $1\frac{7}{8} + 2\frac{3}{8}$.

Usa una recta numérica de octavos. Comienza en $1\frac{7}{8}$.

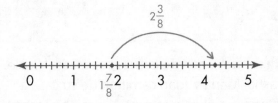

Para sumar, muévete $2\frac{3}{8}$ a la derecha.

Escribe la suma como una fracción o como un número mixto.

Por tanto, $1\frac{7}{8} + 2\frac{3}{8} = 4\frac{2}{8}$.

Usa tiras de fracciones para hallar $2\frac{1}{5} - 1\frac{2}{5}$.

Representa el número al que le restas, $2\frac{1}{5}$.

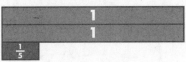

Vuelve a expresar $2\frac{1}{5}$ como $1\frac{6}{5}$. Marca con una X un entero y $\frac{2}{5}$ para representar la resta de $1\frac{2}{5}$.

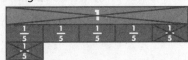

Escribe la diferencia como una fracción.

Por tanto, $2\frac{1}{5} - 1\frac{2}{5} = \frac{4}{5}$.

Para **1** a **9**, usa alguna herramienta para hallar las sumas o diferencias.

1. $3\frac{1}{2} + 1\frac{1}{2}$

2. $3\frac{3}{4} - 2\frac{1}{4}$

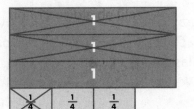

3. $1\frac{3}{4} + 1\frac{3}{4}$

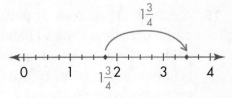

4. $3\frac{4}{5} - 1\frac{2}{5}$

5. $5\frac{2}{6} + 3\frac{5}{6}$

6. $10\frac{2}{8} - 7\frac{5}{8}$

7. $2\frac{5}{12} + 4\frac{3}{12}$

8. $12\frac{1}{3} - 5\frac{2}{3}$

9. $2\frac{2}{4} + 6\frac{3}{4}$

Para **10** a **12**, usa la tabla de la derecha.

10. ¿Cuántas pulgadas más largo que una mariquita es un escarabajo hércules?

11. ¿Cuál es la diferencia entre el escarabajo ciervo volante más largo y el más corto?

12. ¿Cuánto miden un escarabajo hércules y una mariquita juntos?

Escarabajos según la longitud	
Escarabajo	**Longitud en pulgadas**
Escarabajo hércules	$6\frac{3}{4}$
Mariquita	$\frac{1}{4}$
Escarabajo ciervo volante	$2\frac{1}{8}$ a $2\frac{4}{8}$

13. Stan necesita 90 puntos para obtener una calificación que le permita aprobar la clase. Ya tiene 6 puntos. Si cada informe de un libro vale 7 puntos, ¿cuál es la menor cantidad de informes de libros que puede hacer Stan para aprobar la clase?

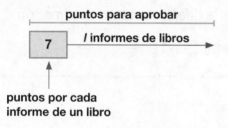

puntos para aprobar

| 7 | *I* informes de libros |

puntos por cada informe de un libro

14. **Razonamiento de orden superior** Nicole, Tasha, María y Joan caminan de su casa a la escuela. Nicole camina $1\frac{11}{12}$ millas. Tasha camina $2\frac{1}{12}$ millas. María camina $1\frac{7}{12}$ millas. Joan camina $2\frac{2}{12}$ millas. ¿Cómo puedes hallar cuánto más que María camina Joan para llegar a la escuela?

✓ Práctica para la evaluación

15. Alyssa usó $1\frac{2}{3}$ galones de pintura blanca para pintar el cielorraso de su habitación. Usó $3\frac{1}{3}$ galones de pintura verde para las paredes de la habitación. ¿Cuánta pintura verde más que pintura blanca usó Alyssa?

Ⓐ $1\frac{1}{3}$ galones

Ⓑ $1\frac{2}{3}$ galones

Ⓒ 2 galones

Ⓓ $2\frac{1}{3}$ galones

16. El pluviómetro de Jerome mostró que el mes pasado cayeron $3\frac{9}{10}$ centímetros de lluvia. Este mes, el pluviómetro midió $5\frac{3}{10}$ centímetros. ¿Qué ecuación puede usarse para hallar *l*, cuántos centímetros de lluvia más que el mes pasado cayeron este mes?

Ⓐ $l = 5\frac{3}{10} + 3\frac{9}{10}$

Ⓑ $l = 5\frac{3}{10} + 3\frac{6}{10}$

Ⓒ $l = 5\frac{3}{10} - 3\frac{6}{10}$

Ⓓ $l = 5\frac{3}{10} - 3\frac{9}{10}$

Práctica adicional 9-8
Sumar números mixtos

¡Revisemos!

Randy jugó al básquetbol $2\frac{5}{6}$ horas el sábado. Jugó $1\frac{3}{6}$ horas el domingo. ¿Cuántas horas jugó Randy al básquetbol el fin de semana?

Sumar números mixtos

a. Suma las fracciones.

b. Suma los números enteros.

c. Escribe la fracción como un número mixto.

$$\begin{array}{r} 2\frac{5}{6} \\ + 1\frac{3}{6} \\ \hline 3\frac{8}{6} = 4\frac{2}{6} \end{array}$$

$$3\frac{8}{6} = 3 + \frac{6}{6} + \frac{2}{6} = 4\frac{2}{6}$$

Randy jugó al básquetbol $4\frac{2}{6}$ horas el fin de semana.

Sumar fracciones

a. Escribe los números mixtos como fracciones.

b. Suma las fracciones.

c. Escribe la fracción como un número mixto.

$$\begin{array}{r} 2\frac{5}{6} = \frac{17}{6} \\ + 1\frac{3}{6} = + \frac{9}{6} \\ \hline \frac{26}{6} = 4\frac{2}{6} \end{array}$$

$$\frac{26}{6} = \frac{6}{6} + \frac{6}{6} + \frac{6}{6} + \frac{6}{6} + \frac{2}{6} = 4\frac{2}{6}$$

Puedes sumar números mixtos con el mismo denominador usando las propiedades de las operaciones.

Para **1** a **12**, halla los resultados sumando números mixtos o sumando fracciones equivalentes.

1. $\begin{array}{r} 2\frac{10}{12} \\ + 3\frac{3}{12} \\ \hline \end{array}$

2. $\begin{array}{r} 1\frac{3}{8} \\ + 3\frac{6}{8} \\ \hline \end{array}$

3. $\begin{array}{r} 5\frac{4}{10} \\ + 4\frac{2}{10} \\ \hline \end{array}$

4. $\begin{array}{r} 10\frac{2}{6} \\ + \ \ \frac{3}{6} \\ \hline \end{array}$

5. $3\frac{3}{12} + 6\frac{8}{12}$

6. $1\frac{2}{5} + 3\frac{1}{5}$

7. $2\frac{10}{12} + 3\frac{9}{12}$

8. $2\frac{2}{6} + 3\frac{5}{6}$

9. $4\frac{3}{4} + 2\frac{2}{4}$

10. $1\frac{9}{10} + 3\frac{2}{10}$

11. $1\frac{8}{12} + 3\frac{5}{12}$

12. $1\frac{11}{12} + 2\frac{5}{12}$

13. (A-Z) **Vocabulario** Usa las palabras de vocabulario *número mixto* y *fracciones* para completar cada oración.

Cuando sumas números mixtos, primero sumas el/las _____ y luego sumas los números enteros. Por último, escribes el/las

_____.

14. Construir argumentos Explica una estrategia para hallar $2\frac{2}{5} + 1\frac{2}{5}$.

---

15. Ruth necesita $2\frac{1}{4}$ tazas de harina para una receta de pastel y $2\frac{3}{4}$ tazas de harina para otra receta de pastel. Si prepara los dos pasteles, ¿cuánta harina necesita Ruth en total?

16. Una "piedra" es una antigua unidad de peso que se usaba en Irlanda e Inglaterra para medir las papas. Una piedra son 14 libras y 80 piedras son la mitad de una "tonelada larga". ¿Cuántas libras hay en media tonelada larga?

---

17. Razonamiento de orden superior Tirzah quiere colocar una valla alrededor de su jardín. Tiene 22 yardas de material para vallas. ¿Tiene suficiente material para dar toda la vuelta al jardín? Explícalo.

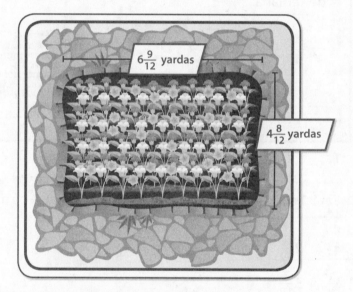

$6\frac{9}{12}$ yardas

$4\frac{8}{12}$ yardas

☑ **Práctica para la evaluación**

18. Pookie pesa $2\frac{7}{8}$ libras. Rascal pesa $3\frac{3}{8}$ libras. ¿Cuál es el peso total de los dos gatos? Selecciona todas las maneras correctas para hallar la suma.

☐ $\frac{23}{8} + \frac{27}{8} = \frac{50}{8}$

☐ $(2+3) + \left(\frac{7}{8} + \frac{3}{8}\right)$

☐ $5 + \frac{10}{8}$

☐ $\frac{23}{8} + \frac{27}{8} = \frac{50}{16}$

☐ $5 + \frac{10}{16}$

19. Selecciona todas las sumas correctas.

☐ $5\frac{1}{3} + 3\frac{1}{3} = 9\frac{2}{3}$

☐ $2\frac{4}{5} + 1\frac{3}{5} = 3\frac{2}{5}$

☐ $1\frac{7}{8} + 2\frac{7}{8} = 4\frac{6}{8}$

☐ $3\frac{4}{10} + 2\frac{8}{10} = 6\frac{2}{10}$

☐ $3\frac{5}{6} + 2\frac{4}{6} = 5\frac{4}{6}$

Nombre _____

¡Revisemos!

Janet cultivó una calabaza que pesa $13\frac{3}{4}$ libras y un melón que pesa $8\frac{2}{4}$ libras. ¿Cuánto más pesada que el melón es la calabaza?

Restar números mixtos

a. Resta las fracciones. Vuelve a expresar los números enteros como fracciones si es necesario.

b. Resta los números enteros.

$$13\frac{3}{4}$$
$$-8\frac{2}{4}$$
$$\overline{\quad 5\frac{1}{4}}$$

Restar fracciones

a. Escribe los números mixtos como fracciones.

b. Resta las fracciones.

c. Escribe la fracción como un número mixto.

$$\frac{21}{4} = \frac{20}{4} + \frac{1}{4} = 5\frac{1}{4}$$

$$13\frac{3}{4} = \frac{55}{4}$$
$$-8\frac{2}{4} = -\frac{34}{4}$$
$$\overline{\qquad \frac{21}{4}} = 5\frac{1}{4}$$

La calabaza es $5\frac{1}{4}$ libras más pesada que el melón.

Puedes restar números mixtos con los mismos denominadores de más de una manera.

Para **1** a **16**, halla las diferencias.

1.
$$10\frac{3}{4}$$
$$-7\frac{1}{4}$$
$$\overline{\qquad}$$

2.
$$7\frac{4}{6}$$
$$-2\frac{3}{6}$$
$$\overline{\qquad}$$

3.
$$3$$
$$-2\frac{2}{3}$$
$$\overline{\qquad}$$

4.
$$7\frac{8}{12}$$
$$-2\frac{3}{12}$$
$$\overline{\qquad}$$

5. $5\frac{2}{6} - 2\frac{5}{6}$

6. $4\frac{1}{5} - 2\frac{3}{5}$

7. $4\frac{3}{12} - 1\frac{4}{12}$

8. $5\frac{2}{8} - 3\frac{7}{8}$

9. $8\frac{1}{4} - 7\frac{3}{4}$

10. $2\frac{9}{10} - 2\frac{5}{10}$

11. $6\frac{5}{6} - 5\frac{4}{6}$

12. $3 - 1\frac{3}{4}$

13. $6 - 2\frac{1}{2}$

14. $12\frac{6}{10} - 10$

15. $8\frac{1}{5} - 2\frac{2}{5}$

16. $7\frac{2}{6} - 2\frac{1}{6}$

17. (A-Z) **Vocabulario** Usa una palabra de vocabulario para completar la oración.

Un número que tiene una parte entera y una parte fraccionaria se llama

_____.

18. Entre los caballos más pequeños del mundo se encuentran Thumbelina, que mide $17\frac{1}{4}$ pulgadas de altura, Black Beauty, que mide $18\frac{2}{4}$ pulgadas de altura, y Einstein, que mide 14 pulgadas de altura.

  a. ¿Cuánto más alto que Thumbelina es Black Beauty?

  b. ¿Cuánto más alto que Einstein es Thumbelina?

19. Razonar Si Carol colgó un cuadro usando $\frac{3}{8}$ de yarda de un alambre que mide $1\frac{1}{8}$ yardas de longitud, ¿cuánto alambre le queda a Carol?

20. Escribe 6,219 en forma desarrollada.

21. Razonamiento de orden superior Entre los insectos más grandes del mundo se encuentran el escarabajo rinoceronte, el insecto palo gigante y el escarabajo weta gigante. ¿Cuánto más largo que el escarabajo rinoceronte y el escarabajo weta gigante juntos es el insecto palo gigante?

escarabajo rinoceronte $16\frac{7}{10}$ cm

insecto palo gigante $53\frac{3}{10}$ cm

escarabajo weta gigante $8\frac{5}{10}$ cm

☑ **Práctica para la evaluación**

22. Jessie tiene una tabla que mide $5\frac{1}{12}$ pies. Corta $3\frac{9}{12}$ pies. ¿Cuánto mide la tabla que queda?

  Ⓐ $1\frac{4}{12}$ pies

  Ⓑ $2\frac{8}{12}$ pies

  Ⓒ $2\frac{9}{12}$ pies

  Ⓓ $8\frac{10}{12}$ pies

23. Robyn corrió $5\frac{3}{4}$ millas la semana pasada. Corrió $4\frac{1}{4}$ millas esta semana. ¿Cuántas millas más corrió la semana pasada?

  Ⓐ $1\frac{1}{4}$ millas

  Ⓑ $1\frac{2}{4}$ millas

  Ⓒ $1\frac{3}{4}$ millas

  Ⓓ 10 millas

Nombre _____

Práctica   Herramientas

Práctica adicional 9-10
Representar con modelos matemáticos

¡Revisemos!

Nati construyó $\frac{1}{8}$ de un avión a escala el sábado y $\frac{4}{8}$ el domingo. Construyó otros $\frac{3}{8}$ el lunes. ¿Cuánto más que el día de semana construyó durante el fin de semana?

Indica cómo puedes usar las matemáticas para representar el problema.

- Puedo usar los conceptos y destrezas que ya aprendí.

- Puedo usar diagramas de barras y ecuaciones para representar y resolver este problema.

- Puedo decidir si mis resultados tienen sentido.

Dibuja un diagrama de barras y escribe y resuelve ecuaciones.

$\frac{1}{8} + \frac{4}{8} = f, f = \frac{5}{8}$

$\frac{5}{8} - \frac{3}{8} = n$

$n = \frac{2}{8}$

$\frac{5}{8}$	
$\frac{3}{8}$	n

Nati construyó $\frac{2}{8}$ más del avión a escala durante el fin de semana.

Cuando representas con modelos matemáticos, usas lo que ya sabes de matemáticas para resolver un problema.

Sea f = cuánto construyó Nati durante el fin de semana y n = cuánto más que durante el resto de la semana construyó el fin de semana.

Representar con modelos matemáticos

En la lista de reproducción de Nick, $\frac{5}{12}$ de las canciones son pop. ¿Qué fracción de las canciones, n, **NO** son pop? Usa los Ejercicios **1** a **3** para responder a la pregunta.

1. ¿Cómo puedes hacer un dibujo y escribir una ecuación para representar el problema?

2. ¿Qué concepto matemático que ya aprendiste puedes usar para resolver el problema?

3. ¿Qué fracción de las canciones de la lista de reproducción de Nick **NO** son pop?

Ian y Rachel prepararon cada uno una mezcla de nueces y frutas secas. Se muestran las cantidades de los ingredientes que tienen. Ian usó todo el coco, los arándanos secos y los plátanos secos para hacer su mezcla. Rachel hizo 2 tazas de mezcla de nueces y frutas secas con todas las almendras, las semillas de calabaza y la granola. ¿Cuánta mezcla preparó Ian? ¿Cuánta mezcla más que Ian preparó Rachel?

> **Ingredientes para mezcla de nueces y frutas secas**
>
> $\frac{3}{4}$ de taza de almendras
>
> $\frac{1}{4}$ de taza de semillas de calabaza
>
> $\frac{2}{4}$ de taza de coco
>
> $\frac{3}{4}$ de taza de arándanos secos
>
> $1\frac{2}{4}$ tazas de nueces
>
> 1 taza de granola
>
> $\frac{2}{4}$ de taza de plátanos secos

4. Entender y perseverar ¿Qué sabes y qué tienes que hallar?

5. Usar herramientas apropiadas ¿Qué herramientas puedes usar para resolver este problema?

6. Razonar ¿Cómo puedes usar un diagrama de barras para mostrar cómo se relacionan las cantidades?

> Cuando representas con modelos matemáticos, usas las matemáticas para representar el problema.

7. Entender y perseverar Escribe y resuelve una ecuación para hallar cuánta mezcla de nueces y frutas secas preparó Ian.

8. Razonar Escribe y resuelve una ecuación para hallar cuánta mezcla de nueces y frutas secas más que Ian hizo Rachel.

Nombre _____

¡Revisemos!

Usa tiras de fracciones para mostrar $\frac{5}{8}$ como múltiplo de una fracción unitaria.

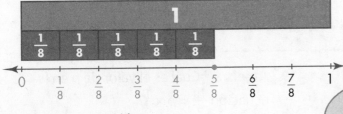

Escribe una ecuación.

$$\frac{5}{8} = \frac{1}{8} + \frac{1}{8} + \frac{1}{8} + \frac{1}{8} + \frac{1}{8}$$

$$\frac{5}{8} = 5 \times \frac{1}{8}$$

Cualquier fracción se puede escribir como múltiplo de una fracción unitaria.

Para **1** a **15**, escribe las fracciones como múltiplos de una fracción unitaria. Usa alguna herramienta si es necesario.

1. $\frac{2}{4} = 2 \times \frac{\square}{4}$

$\frac{1}{4}$	$\frac{1}{4}$	$\frac{1}{4}$	$\frac{1}{4}$

2. $\frac{2}{6} = \square \times \frac{1}{6}$

$\frac{1}{6}$	$\frac{1}{6}$	$\frac{1}{6}$	$\frac{1}{6}$	$\frac{1}{6}$	$\frac{1}{6}$

3. $\frac{5}{2} = \square \times \frac{1}{2}$

$\frac{1}{2}$	$\frac{1}{2}$		$\frac{1}{2}$	$\frac{1}{2}$

$\frac{1}{2}$	$\frac{1}{2}$

4. $\frac{3}{3} = 3 \times \frac{1}{\square}$

5. $\frac{10}{8} = 10 \times \frac{\square}{8}$

6. $\frac{2}{5} = 2 \times \frac{1}{\square}$

7. $\frac{1}{6}$

8. $\frac{9}{5}$

9. $\frac{8}{3}$

10. $\frac{9}{10}$

11. $\frac{9}{12}$

12. $\frac{8}{10}$

13. $\frac{6}{3}$

14. $\frac{6}{8}$

15. $\frac{4}{12}$

16. Kevin está horneando galletas. Cada tanda de galletas lleva $\frac{1}{8}$ de libra de mantequilla. Kevin tiene $\frac{11}{8}$ libras de mantequilla. ¿Cuántas tandas de galletas puede hacer? Explica mostrando $\frac{11}{8}$ como múltiplo de $\frac{1}{8}$.

17. Los estudiantes pintan un mural. Hasta ahora, $\frac{4}{12}$ del mural están pintados de azul, $\frac{2}{12}$ de rojo y $\frac{3}{12}$ de verde. Escribe y resuelve una ecuación para hallar m, cuánto se pintó del mural.

18. (A-Z) **Vocabulario** ¿Cómo puedes saber si una fracción es una *fracción unitaria*?

19. **Álgebra** ¿Cuál es el valor de p en la ecuación $\frac{10}{6} = p \times \frac{1}{6}$?

20. **Buscar relaciones** Mari guarda la misma cantidad de naranjas en cada bolsa. ¿Cuántas naranjas debe guardar para tener 9 bolsas? ¿Cómo puedes hallar la cantidad de naranjas que necesita para 13 bolsas?

Cantidad de bolsas	3	5	7	9	11
Cantidad de naranjas	9	15	21		33

21. **Razonamiento de orden superior** Katrina tiene $\frac{2}{3}$ de galón de helado. Con $\frac{1}{6}$ de galón sirve una porción. ¿Cuántas porciones tiene? Explica escribiendo $\frac{2}{3}$ como una fracción equivalente con 6 de denominador y luego, escribe la fracción como múltiplo de $\frac{1}{6}$.

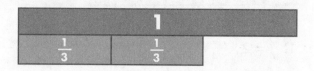

Práctica para la evaluación

22. ¿Qué ecuación de multiplicación describe la fracción marcada en la recta numérica?

0   $\frac{1}{8}$ $\frac{2}{8}$ $\frac{3}{8}$ $\frac{4}{8}$ $\frac{5}{8}$ $\frac{6}{8}$ $\frac{7}{8}$ 1

Ⓐ $\frac{4}{8} = 4 + \frac{1}{8}$

Ⓑ $\frac{4}{8} = 4 \times \frac{1}{8}$

Ⓒ $\frac{4}{8} = \frac{1}{8} + \frac{2}{8} + \frac{3}{8} + \frac{4}{8}$

Ⓓ $\frac{4}{8} = 8 \times \frac{1}{4}$

23. ¿Qué ecuación de multiplicación describe las siguientes tiras de fracciones?

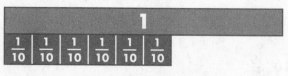

Ⓐ $\frac{7}{10} = \frac{1}{10} + \frac{1}{10} + \frac{1}{10} + \frac{1}{10} + \frac{1}{10} + \frac{1}{10}$

Ⓑ $\frac{7}{10} = 7 \times \frac{1}{10}$

Ⓒ $\frac{6}{10} = 6 + \frac{1}{10}$

Ⓓ $\frac{6}{10} = 6 \times \frac{1}{10}$

Nombre _____

¡Revisemos!

Georgie caminó $\frac{2}{3}$ de milla para ir al gimnasio y para volver. ¿Cuántas millas caminó Georgie?

Halla $2 \times \frac{2}{3}$.

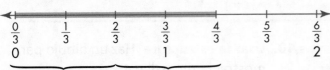

$2 \times \frac{2}{3} = \frac{2}{3} + \frac{2}{3}$

$\qquad = \frac{4}{3}$

$\qquad = \frac{3}{3} + \frac{1}{3} = 1\frac{1}{3}$

Georgie caminó $1\frac{1}{3}$ millas.

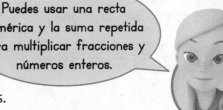

Puedes usar una recta numérica y la suma repetida para multiplicar fracciones y números enteros.

Para **1** a **6**, escribe y resuelve una ecuación de multiplicación. Usa dibujos o rectas numéricas si es necesario.

1.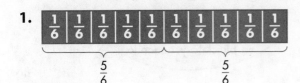

2.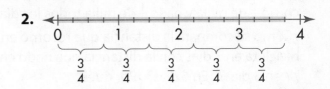

3.

$\frac{3}{10}$ $\qquad$ $\frac{3}{10}$ $\qquad$ $\frac{3}{10}$

4.

5. Calcula la distancia que recorre Penny en bicicleta si recorre $\frac{1}{4}$ de milla por día durante 5 días.

6. Calcula la distancia que recorre Benjamín en motoneta si recorre $\frac{3}{5}$ de milla por día durante 4 días.

7. En una obra de teatro, 211 espectadores se sientan en la platea y 142 espectadores se sientan en la galería. Si los boletos para la platea cuestan $7 y los boletos para la galería cuestan $5, ¿cuánto dinero se ganó con la venta de boletos?

8. Audrey usa $\frac{5}{8}$ de taza de fruta en cada batido de fruta que hace. Prepara 6 batidos de fruta para compartir con sus amigos. ¿Cuántas tazas de fruta usa Audrey?

| $\frac{5}{8}$ | $\frac{5}{8}$ | $\frac{5}{8}$ | $\frac{5}{8}$ | $\frac{5}{8}$ | $\frac{5}{8}$ |

9. Gabe está haciendo 5 capas. Usa $\frac{2}{3}$ de yarda de tela para cada capa que hace. ¿Qué cantidad de tela necesita Gabe?

| $\frac{2}{3}$ | $\frac{2}{3}$ | $\frac{2}{3}$ | $\frac{2}{3}$ | $\frac{2}{3}$ |

10. **Usar la estructura** Haz un dibujo para mostrar cómo hallar $4 \times \frac{3}{5}$.

11. **Razonamiento de orden superior** Mark entrena para un minitriatlón. Recorrió en bicicleta $\frac{3}{4}$ de milla, corrió $\frac{2}{4}$ de milla y nadó $\frac{1}{4}$ de milla todos los días. ¿Cómo se compara la distancia que recorrió en bicicleta en 3 días con la distancia que nadó en 3 días? ¿Y en 5 días? ¿En 6 días? ¿Por qué?

> Puedes usar la estructura o hacer un dibujo para comparar la distancia que Mark recorrió en bicicleta y nadando.

12. Ronald subió 3 veces a la montaña rusa. El recorrido de la montaña rusa mide $\frac{1}{4}$ de milla de longitud. Selecciona todas las expresiones que indican cuánto recorrió Ronald en total. Usa dibujos o rectas numéricas si es necesario.

- ☐ $\frac{1}{4} + \frac{1}{4} + \frac{1}{4}$ de milla
- ☐ $3 \times \frac{1}{4}$ de milla
- ☐ 3×4 millas
- ☐ $4 + 3 \times \frac{1}{4}$ de milla
- ☐ $\frac{3}{4}$ de milla

13. Kurt nadó ida y vuelta a lo ancho del lago. El lago mide $\frac{4}{8}$ de milla de ancho. Selecciona todas las ecuaciones que pueden usarse para hallar n, la distancia total que nadó Kurt.

- ☐ $n = 2 \times \frac{4}{8}$
- ☐ $n = \frac{4}{8} + \frac{4}{8}$
- ☐ $n = 1$
- ☐ $n = 2 \times 8$
- ☐ $n = 2 + \frac{4}{8}$

Nombre _____

¡Revisemos!

María nada $\frac{3}{5}$ de milla a lo ancho del lago y otros $\frac{3}{5}$ de milla de regreso. ¿Qué distancia nada María?

> Cuando todos los grupos son del mismo tamaño, puedes multiplicar para hallar el total.

Halla $2 \times \frac{3}{5}$.

Una manera

$2 \times \frac{3}{5} = 2 \times \left(3 \times \frac{1}{5} \right)$

$= (2 \times 3) \times \frac{1}{5}$

$= 6 \times \frac{1}{5}$

$= \frac{6}{5}$

$= \frac{5}{5} + \frac{1}{5} = 1\frac{1}{5}$

María nada $1\frac{1}{5}$ millas.

Escribe $\frac{3}{5}$ como múltiplo de $\frac{1}{5}$: $\frac{3}{5} = 3 \times \frac{1}{5}$.

Usa la propiedad asociativa de la multiplicación.

Otra manera

$2 \times \frac{3}{5} = \frac{2 \times 3}{5}$

$= \frac{6}{5}$

$= \frac{5}{5} + \frac{1}{5} = 1\frac{1}{5}$

Multiplica el número entero y el numerador.

María nada $1\frac{1}{5}$ millas.

Para **1** a **6**, multiplica.

1. $8 \times \frac{5}{12}$

2. $9 \times \frac{1}{4}$

3. $5 \times \frac{3}{5}$

4. $4 \times \frac{2}{3}$

5. $9 \times \frac{3}{10}$

6. $7 \times \frac{1}{3}$

Para **7** a **10**, escribe y resuelve una ecuación de multiplicación.

7. Calcula la longitud de una bufanda de 5 partes si cada parte mide $\frac{1}{2}$ pie.

8. Calcula la distancia que camina Kris en 8 días si camina $\frac{7}{8}$ de milla por día.

9. Calcula la distancia que recorre Nathan en bicicleta si recorre $\frac{9}{12}$ de milla por día, durante 3 días.

10. Calcula la distancia que maneja Tarryn si maneja $\frac{7}{8}$ de milla para ir al trabajo y volver.

11. Representar con modelos matemáticos Xander tiene 10 trozos de cordel que usa para un proyecto. Cada trozo de cordel mide $\frac{1}{3}$ de yarda de longitud. Escribe y resuelve una ecuación para hallar y, las yardas del cordel de Xander.

12. La mesa de la cocina de la familia Portman es rectangular. Mide 4 pies de ancho y 8 pies de longitud. La Sra. Portman compró un mantel que cubrirá 56 pies cuadrados. ¿Es el mantel lo suficientemente largo para cubrir la mesa? Explícalo.

13. Olivia hace su tarea de matemáticas. Para cada problema, usa $\frac{3}{4}$ de hoja de papel. ¿Cuántas hojas de papel necesitará Olivia para hacer 20 problemas de matemáticas?

14. enVision® STEM Hay 6 colores espectrales puros: rojo, anaranjado, amarillo, verde, azul y morado. Las abejas solo ven $\frac{2}{3}$ de estos colores. ¿Cuántos colores espectrales puros pueden ver las abejas?

15. Escribe un problema para la multiplicación $3 \times \frac{3}{10}$. Luego, resuelve el problema.

16. Razonamiento de orden superior Lidia hará 4 panes de harina de centeno y 3 panes de harina de trigo. Cada pan lleva $\frac{3}{4}$ de taza de azúcar. ¿Cuántas tazas de azúcar necesitará Lidia? Explícalo.

☑ **Práctica para la evaluación**

17. Jake camina $\frac{3}{10}$ de milla por día durante 8 días. ¿Qué distancia camina Jake? Completa la ecuación.

$$8 \times \frac{3}{10} = \frac{\square \times \square}{10} = \frac{\square\square}{10} = 2\frac{\square}{\square} \text{ millas}$$

18. Corinne tiene práctica con las animadoras $\frac{5}{6}$ de hora por día, de lunes a viernes. ¿Cuánto practica Corinne por semana? Completa la ecuación.

$$5 \times \frac{5}{6} = \frac{5 \times 5}{6} = \frac{\square\square}{\square} = \square\frac{\square}{6} \text{ horas}$$

Nombre _____

Práctica adicional 10-4
Resolver problemas sobre la hora

¡Revisemos!

> Puedes sumar, restar, multiplicar o dividir medidas de tiempo para resolver problemas.

Sumar

Ann trabajó 5 años y 7 meses en su primer trabajo. Trabajó 3 años y 3 meses en su segundo trabajo. ¿Cuánto tiempo trabajó Ann en el primer y el segundo trabajo?

$$
\begin{array}{r}
5 \text{ años} \quad 7 \text{ meses} \\
+\ 3 \text{ años} \quad 3 \text{ meses} \\
\hline
8 \text{ años} \quad 10 \text{ meses}
\end{array}
$$

Restar

Ann trabajó $2\frac{4}{5}$ semanas en diciembre y $4\frac{1}{5}$ semanas en enero. ¿Cuántas semanas más que en diciembre trabajó en enero?

$4\frac{1}{5} - 2\frac{4}{5} = 3\frac{6}{5} - 2\frac{4}{5} = 1\frac{2}{5}$ semanas

Multiplicar

Ann estuvo en su cuarto trabajo 3 veces la cantidad de tiempo que en su tercer trabajo. Estuvo $\frac{11}{12}$ de año en su tercer trabajo. ¿Cuánto tiempo estuvo en su cuarto trabajo?

$$3 \times \frac{11}{12} = \frac{33}{12}$$
$$= \frac{12}{12} + \frac{12}{12} + \frac{9}{12}$$
$$= 2\frac{9}{12} \text{ años}$$

Dividir

Ann trabaja 2,250 minutos en 5 días. ¿Cuántos minutos trabaja por día?

$2{,}250 \div 5 = 450$ minutos

Para **1** a **9**, suma, resta, multiplica o divide.

DATOS	Unidades de tiempo		
	1 hora = 60 minutos	1 día = 24 horas	1 década = 10 años
	1 año = 12 meses	1 semana = 7 días	1 minuto = 60 segundos

1.
$$
\begin{array}{r}
8 \text{ horas } 12 \text{ minutos} \\
+\ 3 \text{ horas } 15 \text{ minutos} \\
\hline
\end{array}
$$

2.
$$
\begin{array}{r}
9 \text{ semanas } 5 \text{ días} \\
-\ 1 \text{ semana } 6 \text{ días} \\
\hline
\end{array}
$$

3.
$$
\begin{array}{r}
3 \text{ horas } 6 \text{ minutos } 45 \text{ segundos} \\
+\ 8 \text{ horas } 55 \text{ minutos } 20 \text{ segundos} \\
\hline
\end{array}
$$

4. $3\frac{1}{12}$ años $- 1\frac{9}{12}$ años

5. $2\frac{3}{4}$ meses $+ 1\frac{2}{4}$ meses

6. 245 días $\div$ 5

7. ¿Cuánto es 112 semanas $\div$ 7?

8. ¿Cuánto es $8 \times \frac{3}{4}$ de hora?

9. ¿Cuántos años hay en $\frac{2}{5}$ de década?

10. Entender y perseverar Beth trabaja $8\frac{2}{4}$ horas, conduce $1\frac{1}{4}$ horas, cocina $\frac{3}{4}$ de hora y duerme $7\frac{2}{4}$ horas todos los días. ¿Cuántas horas de tiempo libre tiene Beth por día? Recuerda que hay 24 horas en un día.

11. Ryan trabaja $10\frac{2}{4}$ horas todos los días. Tiene $\frac{3}{4}$ de hora para almorzar y dos descansos de $\frac{1}{4}$-de hora. ¿Cuánto tiempo trabaja Ryan?

12. El maratón de Baltimore tiene una carrera de relevos. En la tabla de la derecha se muestra el tiempo que tardó un equipo ganador en cada tramo. ¿Cuánto tiempo tardó en total el equipo en correr los cuatro tramos del maratón?

DATOS

Resultados del maratón de Baltimore	
Tramo de la carrera	**Tiempo**
Tramo 1	32 minutos 56 segundos
Tramo 2	42 minutos 28 segundos
Tramo 3	34 minutos 34 segundos
Tramo 4	39 minutos 2 segundos

13. Usar herramientas apropiadas ¿A qué hora tiene que salir María para la escuela si tarda 45 minutos en llegar? La escuela comienza a las 7:30 *a. m.* Dibuja una recta numérica para explicar tu respuesta.

14. Razonamiento de orden superior El Sr. Kent da 7 clases que duran $\frac{5}{6}$-de hora cada una. También tiene $\frac{3}{6}$-de hora de descanso para el almuerzo. ¿Cuánto tiempo pasa el Sr. Kent dando clases y almorzando?

☑ **Práctica para la evaluación**

15. Tom pasa $\frac{2}{12}$ de hora bañándose por día. Megan pasa $\frac{3}{12}$ de hora bañándose por día. ¿Cuánto tiempo más que Tom pasa Megan bañándose durante 7 días?

16. Ari será adolescente en $1\frac{3}{4}$ años. Su hermana menor Anna será adolescente en $3\frac{1}{4}$ años. ¿Cuánto tiempo más que Ari tendrá que esperar Anna?

Nombre _____

¡Revisemos!

¿Cuántas tazas de plátano más que de harina hay en 3 panes de plátano?

Indica cómo puedes representar con modelos matemáticos para resolver problemas.

- Puedo usar los conceptos y las destrezas que aprendí anteriormente.
- Puedo hallar las preguntas escondidas y responderlas.
- Puedo usar diagramas de barras y ecuaciones para representar y resolver este problema.

Dibuja diagramas de barras y escribe ecuaciones para responder a la pregunta escondida y a la pregunta original.

Pan de plátano
$1\frac{3}{4}$ tazas de puré de plátano
$1\frac{1}{4}$ tazas de harina
$\frac{1}{4}$ de taza de puré de manzana

$1\frac{3}{4}$

$1\frac{1}{4}$	p

d

$\frac{2}{4}$	$\frac{2}{4}$	$\frac{2}{4}$

$1\frac{3}{4} - 1\frac{1}{4} = \frac{2}{4}$

Cada pan lleva $\frac{2}{4}$ de taza de puré de plátano más que de harina.

$3 \times \frac{2}{4} = \frac{6}{4}$ o $1\frac{2}{4}$

3 panes de plátano contienen $1\frac{2}{4}$ o $1\frac{1}{2}$ tazas de puré de plátano más que de harina.

Cuando representas con modelos matemáticos, puedes escribir una ecuación para representar las relaciones del problema.

Representar con modelos matemáticos

Aaron envuelve regalos en una tienda. En una hora, envuelve 8 juegos y una consola. ¿Cuánto papel de regalo usa Aaron? Usa los Ejercicios **1** a **3** para responder a la pregunta.

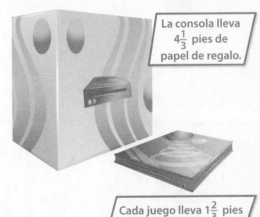

La consola lleva $4\frac{1}{3}$ pies de papel de regalo.

Cada juego lleva $1\frac{2}{3}$ pies de papel de regalo.

1. Dibuja un diagrama de barras y escribe una ecuación para hallar *j*, cuánto papel gasta Aaron en los juegos.

2. Dibuja un diagrama de barras y escribe una ecuación para hallar *t*, la cantidad total de papel de regalo que usa Aaron.

3. ¿Qué conocimiento de matemáticas aprendido anteriormente puedes usar para resolver el problema?

Alimento para gatos

Tamara alimenta a su gato con $\frac{1}{8}$ de taza de alimento enlatado por día y el resto con alimento seco. También le da una galleta por día. ¿Cuánto alimento seco le da a su gato en una semana?

$\frac{3}{8}$ de taza de alimento por día

4. **Razonar** ¿Qué cantidades se dan en el problema y qué describen los números?

5. **Entender y perseverar** ¿Qué tienes que hallar?

6. **Representar con modelos matemáticos** Dibuja diagramas de barras y escribe ecuaciones para hallar *a*, la cantidad de alimento seco que Tamara le da a su gato todos los días y *s*, la cantidad que le da en una semana.

Cuando representas con modelos matemáticos, usas las matemáticas para representar una situación o un problema.

7. **Hacerlo con precisión** Explica cómo sabes qué unidades debes usar en la respuesta.

Nombre _____

Práctica Herramientas

Práctica adicional 11-1
Leer diagramas de puntos

¡Revisemos!

La tabla de datos muestra la distancia que corrió Freda en un período de 17 días.

Un diagrama de puntos muestra datos en una recta numérica. Cada punto representa 1 día.

¿Cuál es la diferencia entre las dos distancias más largas que corrió Freda?

Distancia que corre Freda por día

DATOS	Distancia (millas)	Días
	$\frac{1}{2}$	2
	$1\frac{1}{2}$	4
	2	5
	$2\frac{1}{2}$	3
	3	2
	5	1

La distancia más larga que corrió Freda es 5 millas. La segunda distancia más larga es 3 millas. La diferencia es 2 millas.

Para **1** a **5**, usa el diagrama de puntos de la derecha.

1. ¿Cuántos cachorros hay en la veterinaria?

2. ¿Qué peso es el más común?

3. ¿Cuántos cachorros más que los que pesan 7 libras pesan 3 libras?

Usa una fracción para representar los puntos en una recta numérica que no son números enteros.

4. ¿Cuánto más que el cachorro más liviano pesa el cachorro más pesado?

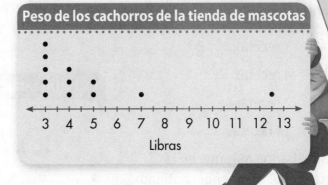

Peso de los cachorros de la tienda de mascotas

Libras

5. ¿Cuál es el peso total de todos los cachorros? Explícalo.

 En línea | SavvasRealize.com   **Tema 11** | Lección 11-1   **143**

6. ¿Qué estatura es la más común entre los estudiantes de la clase de la Srta. Jackson?

7. **Razonar** ¿Cuál es la diferencia entre la altura más alta y la altura más baja? Explícalo.

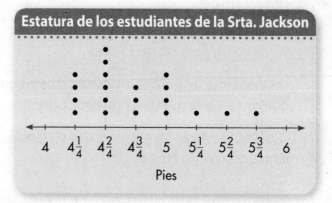

Estatura de los estudiantes de la Srta. Jackson

$4 \quad 4\frac{1}{4} \quad 4\frac{2}{4} \quad 4\frac{3}{4} \quad 5 \quad 5\frac{1}{4} \quad 5\frac{2}{4} \quad 5\frac{3}{4} \quad 6$

Pies

Para **8** y **9**, usa el diagrama de puntos de la derecha.

8. ¿Cuántas plantas de menos de $3\frac{2}{4}$ pulgadas más que de más de $3\frac{2}{4}$ pulgadas hay? Explícalo.

9. **Razonamiento de orden superior** Escribe una pregunta a la que se pueda responder usando el diagrama de puntos y luego, da la respuesta.

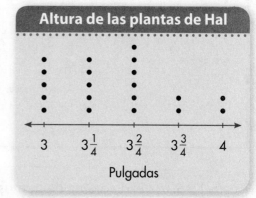

Altura de las plantas de Hal

$3 \quad 3\frac{1}{4} \quad 3\frac{2}{4} \quad 3\frac{3}{4} \quad 4$

Pulgadas

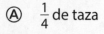 **Práctica para la evaluación**

Para **10** y **11**, usa el diagrama de puntos de la derecha.

10. ¿Cuántas recetas llevan 2 tazas de harina o más?

    Ⓐ 3 recetas

    Ⓑ 4 recetas

    Ⓒ 7 recetas

    Ⓓ 14 recetas

11. ¿Cuánta harina más que en la receta que usa la menor cantidad hay en la receta que usa la mayor cantidad?

    Ⓐ $\frac{1}{4}$ de taza

    Ⓑ $\frac{3}{4}$ de taza

    Ⓒ $1\frac{1}{4}$ tazas

    Ⓓ $1\frac{3}{4}$ tazas

> La cantidad de recetas está representada por la cantidad de puntos en el diagrama de puntos.

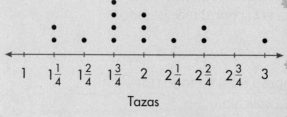

Harina usada en recetas de galletas

$1 \quad 1\frac{1}{4} \quad 1\frac{2}{4} \quad 1\frac{3}{4} \quad 2 \quad 2\frac{1}{4} \quad 2\frac{2}{4} \quad 2\frac{3}{4} \quad 3$

Tazas

Nombre _____

¡Revisemos!

Dorothy midió la longitud de los cinco dedos de su mano izquierda. Quiere hacer un diagrama de puntos para mostrar las medidas.

Sigue estos pasos para hacer un diagrama de puntos.

2¾ pulgs.
2²⁄₄ pulgs. 2¼ pulgs.
2 pulgs.

2 pulgs.

Paso 1

Dibuja una recta numérica y escoge una escala basándote en los datos reunidos. La escala debe mostrar los valores de los datos de menor a mayor.

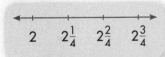

2    $2\frac{1}{4}$ $2\frac{2}{4}$ $2\frac{3}{4}$

Paso 2

Escribe un título para el diagrama de puntos y un rótulo para los números.

Longitud de los dedos de Dorothy

2    $2\frac{1}{4}$ $2\frac{2}{4}$ $2\frac{3}{4}$

Pulgadas

Paso 3

Dibuja un punto por cada longitud.

Longitud de los dedos de Dorothy

2    $2\frac{1}{4}$ $2\frac{2}{4}$ $2\frac{3}{4}$

Pulgadas

Para **1** a **4**, usa el diagrama de puntos de la derecha.

Longitud de los carros de Aiden

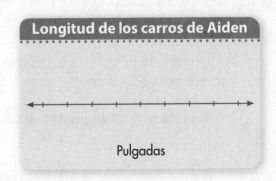

Pulgadas

1. Aiden tiene dos carros de juguete que miden $2\frac{2}{8}$ pulgadas, tres que miden $2\frac{3}{8}$ pulgadas, uno que mide $2\frac{7}{8}$ pulgadas, uno que mide $2\frac{1}{8}$ pulgadas y uno que mide $2\frac{6}{8}$ pulgadas. Usa los datos para completar el diagrama de puntos de la derecha.

2. ¿Cuánto mide el carro más largo de Aiden?

3. Si Aiden pusiera en fila todos los carros que miden $2\frac{3}{8}$ pulgadas, ¿cuánto medirían entre todos?

4. ¿Hay más carros más pequeños o más grandes que $2\frac{4}{8}$ pulgadas?

5. (A-Z) **Vocabulario** Usa una palabra de vocabulario para completar la oración.

Una fracción _____ representa la misma región, parte de un conjunto o parte de un segmento.

6. enVision® STEM Para prevenir que las inundaciones produzcan daños, se usan muros de contención. Un pueblo construyó un muro de contención de $4\frac{4}{8}$ pies de altura. Otro pueblo construyó un muro de contención de $7\frac{1}{8}$ pies de altura. ¿Cuál es la diferencia entre las alturas de los muros de contención?

7. Razonamiento de orden superior
La diferencia entre el gusano más largo y el gusano más corto era $1\frac{2}{4}$ pulgadas. El gusano más corto medía $3\frac{1}{4}$ pulgadas. Había dos gusanos que medían $4\frac{1}{4}$ pulgadas. Halla cuánto medía el gusano más largo.

8. Tony quiere hacer un diagrama de puntos de las distancias que recorrió en bicicleta la semana pasada. Recorrió las siguientes distancias en millas:

$3, 4\frac{1}{2}, 6, 3, 5\frac{1}{2}, 3, 5\frac{1}{2}$

Haz un diagrama de puntos para las distancias que recorrió Tony.

✓ Práctica para la evaluación

9. Caden colecciona insectos. La siguiente tabla muestra la longitud en pulgadas de los insectos de la colección de Caden.

DATOS	Insecto	Longitud (pulgs.)
	Mariquita	$\frac{2}{8}$
	Araña	$\frac{6}{8}$
	Abeja	$\frac{4}{8}$
	Grillo	$\frac{6}{8}$
	Luciérnaga	$\frac{4}{8}$
	Escarabajo	1

Usa los datos para completar el diagrama de puntos.

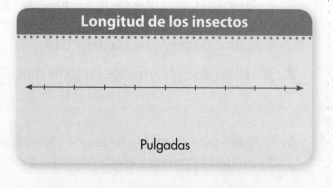

Longitud de los insectos

Pulgadas

146   **Tema 11** | Lección 11-2

Nombre _____

¡Revisemos!

Belle hizo una pulsera con cuentas de diferentes tamaños. El diagrama de puntos muestra cuántas cuentas de cada tamaño usó Belle. ¿Qué longitud de cuenta usó más veces? ¿Cuántas cuentas usó Belle para hacer su pulsera? Si ponemos las cuentas en fila, ¿cuál es la longitud total?

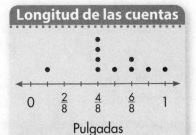

La columna de puntos más alta te indica qué valor aparece más veces.

Belle usó más veces cuentas de $\frac{4}{8}$ de pulgada.

Belle usó 10 cuentas para hacer su pulsera. La longitud total de las cuentas es $6\frac{1}{8}$ pulgadas.

Para **1** y **2**, usa el siguiente conjunto de datos.

DATOS	Tiempo para decir el abecedario (en segundos)
	5, 4, $4\frac{1}{2}$, 6, 5, $6\frac{1}{2}$, $5\frac{1}{2}$, 7, $5\frac{1}{2}$, $7\frac{1}{2}$,
	6, $4\frac{1}{2}$, $4\frac{1}{2}$, $4\frac{1}{2}$, 4, 6, $4\frac{1}{2}$, $5\frac{1}{2}$, 5, $6\frac{1}{2}$

1. La tabla muestra la cantidad de tiempo en segundos que tardó cada estudiante de la clase de la Sra. Sousa en decir el abecedario. Haz un diagrama de puntos con los datos.

2. Meghan dice que la diferencia entre la menor cantidad y la mayor cantidad de tiempo que un estudiante tarda en decir el abecedario es $4\frac{1}{2}$ segundos. ¿Estás de acuerdo? Explícalo.

3. enVision® STEM Para predecir erupciones volcánicas, los científicos pueden usar un sismógrafo para detectar terremotos pequeños. De los 169 volcanes activos de los Estados Unidos, aproximadamente 130 están en Alaska. ¿Aproximadamente cuántos volcanes activos **NO** están en Alaska?

Para **4** a **6**, usa los diagramas de puntos de la derecha. Los diagramas de puntos muestran la cantidad de lluvia que cayó en dos ciudades durante 10 días.

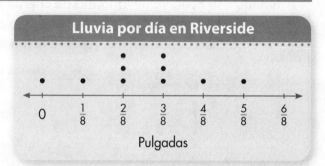

Lluvia por día en Riverside

Pulgadas

4. ¿Cuántos días sin lluvia hubo en total en las dos ciudades?

5. Razonamiento de orden superior ¿Qué ciudad tuvo en total la mayor cantidad de lluvia? Explica cómo puedes darte cuenta con la línea de puntos, sin hacer ningún cálculo.

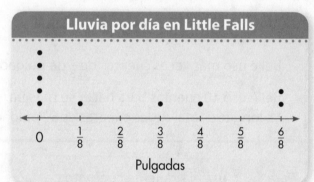

Lluvia por día en Little Falls

Pulgadas

6. Entender y perseverar ¿Cuánta cantidad de lluvia más que en una ciudad hubo en la otra? Escribe y resuelve ecuaciones para mostrar cómo lo supiste. Explica lo que representan tus variables.

✓ **Práctica para la evaluación**

7. ¿Cuántas libras más que la bolsa más liviana de naranjas tiene la bolsa más pesada?

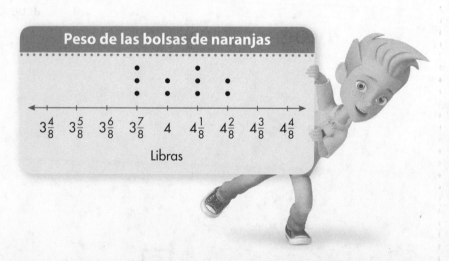

Peso de las bolsas de naranjas

Libras

Ⓐ $\frac{1}{8}$ de libra

Ⓑ $\frac{3}{8}$ de libra

Ⓒ $\frac{6}{8}$ de libra

Ⓓ $1\frac{5}{8}$ libras

Nombre _____

¡Revisemos!

La perra de Ryan acaba de tener una camada de 8 cachorritos. Ryan midió la longitud de cada cachorro. El siguiente diagrama de puntos muestra la longitud de los cachorros en pulgadas. Ryan dice que el cachorro más largo de la camada mide $7\frac{4}{8}$ pulgadas porque $7\frac{4}{8}$ tiene la mayor cantidad de puntos.

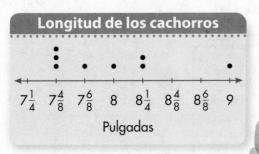

Longitud de los cachorros

$7\frac{1}{4}$ $7\frac{4}{8}$ $7\frac{6}{8}$ 8 $8\frac{1}{4}$ $8\frac{4}{8}$ $8\frac{6}{8}$ 9

Pulgadas

Indica cómo puedes evaluar el razonamiento de Ryan.

El razonamiento de Ryan no tiene sentido. La mayor cantidad de puntos muestra la longitud de cachorro más común. Para hallar el cachorro más largo, Ryan debe hallar el punto que está más a la derecha en el diagrama.

El cachorro más largo de la camada mide 9 pulgadas.

> Cuando evalúas el razonamiento, explicas por qué un razonamiento es correcto o incorrecto.

Evaluar el razonamiento

Sandy hizo este diagrama de puntos para mostrar cuántas horas leyó por día, en 10 días. Dijo que la diferencia entre el tiempo mayor y el tiempo menor de lectura en un día fue $1\frac{3}{4}$ horas.

Tiempo de lectura de Sandy

$\frac{1}{4}$ $\frac{2}{4}$ $\frac{3}{4}$ 1 $1\frac{1}{4}$ $1\frac{2}{4}$ $1\frac{3}{4}$ 2 $2\frac{1}{4}$ $2\frac{2}{4}$

Horas

1. Indica cómo puedes evaluar el razonamiento de Sandy.

2. Evalúa el razonamiento de Sandy.

Evaluar el razonamiento

Liliana tiene una colección de libros en su biblioteca. El siguiente diagrama de puntos muestra la longitud de sus libros. Liliana dice que su libro más largo mide 6 pulgadas.

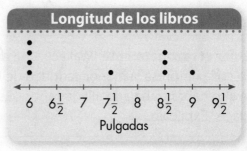

Longitud de los libros

6 $6\frac{1}{2}$ 7 $7\frac{1}{2}$ 8 $8\frac{1}{2}$ 9 $9\frac{1}{2}$

Pulgadas

3. Indica cómo puedes evaluar el razonamiento de Liliana.

4. Evalúa el razonamiento de Liliana.

Las matemáticas son divertidas

Nueve empleados trabajan en la empresa Las Matemáticas Son Divertidas. La tabla muestra la cantidad de años que cada empleado lleva trabajando en la empresa.

DATOS	Empleados	Cantidad de tiempo en Las Matemáticas Son Divertidas (Años)
	1	2
	2	$3\frac{2}{4}$
	3	$1\frac{2}{4}$
	4	$2\frac{3}{4}$
	5	5
	6	$1\frac{2}{4}$
	7	$4\frac{2}{4}$
	8	$5\frac{1}{4}$
	9	2

5. **Representar con modelos matemáticos** Dibuja un diagrama de puntos para mostrar la cantidad de años que nueve empleados llevan trabajando en Las Matemáticas Son Divertidas. Explica por qué un diagrama de puntos hace que sea más fácil hallar cuál es la cantidad de años que la mayoría de los empleados lleva en la empresa.

6. **Evaluar el razonamiento** Wallace, uno de los empleados que lleva en la empresa la menor cantidad de tiempo, dice que en $\frac{3}{4}$ de año habrá trabajado allí dos años. ¿Estás de acuerdo con Wallace? Explícalo.

Cuando evalúas el razonamiento, consideras todas las partes de un argumento.

7. **Entender y perseverar** ¿Qué empleado ha trabajado más años en Las Matemáticas Son Divertidas? ¿Cuánto tiempo más que el empleado que ha estado en la empresa la menor cantidad de tiempo ha trabajado ese empleado? Explícalo.

Nombre _____

Práctica adicional 12-1
Fracciones y números decimales

¡Revisemos!

¿Cómo puedes representar una cantidad como una fracción o como un número decimal?

30 partes de 100 es 0.30.

$\frac{30}{100} = 0.30$

3 partes de 10 es 0.3.

$\frac{3}{10} = 0.3$

unidades		decenas	centenas
0	.	3	
0	.	3	0

Por tanto, $\frac{30}{100} = \frac{3}{10}$ y $0.30 = 0.3$.

Estos números decimales y estas fracciones son equivalentes.

Para **1** a **3**, escribe un número decimal y una fracción para las cuadrículas.

1.

2.

3.

Para **4** a **7**, colorea las cuadrículas según las fracciones y escribe el número decimal.

4. $\frac{1}{10}$

5. $\frac{8}{10}$

6. $\frac{29}{100}$

7. $\frac{4}{100}$

8. El martes, Pierce corrió $\frac{3}{4}$ de milla y caminó $\frac{3}{4}$ de milla. El miércoles, corrió $\frac{2}{4}$ de milla y caminó $1\frac{1}{4}$ millas. ¿Cuánta distancia más que el martes corrió y caminó Pierce el miércoles? Explícalo.

9. **Evaluar el razonamiento** Monique dijo: "0.70 es mayor que 0.7 porque 70 es mayor que 7". ¿Estás de acuerdo con Monique? ¿Por qué?

10. Escribe el valor de las partes coloreadas de las cuadrículas de la derecha de 4 maneras diferentes.

11. Jaclynn tenía 84 centavos. Su hermano le dio otros 61 centavos. Escribe la cantidad de dinero que tiene ahora Jaclynn como número decimal. Explícalo.

12. **Razonamiento de orden superior** Hugh usa 0.63 de un lienzo para pintar un cuadro. Dibuja un modelo para representar el número decimal. ¿Qué cantidad de lienzo sobra?

☑ **Práctica para la evaluación**

13. Selecciona todas las opciones que sean equivalentes a la parte coloreada de la cuadrícula.

☐ $\frac{7}{10}$

☐ $\frac{7}{100}$

☐ 0.7

☐ 0.07

☐ 0.70

14. ¿Qué fracción y número decimal representan la parte coloreada de la siguiente cuadrícula?

Ⓐ $8\frac{5}{10}$; 8.5

Ⓑ $\frac{85}{100}$; 0.85

Ⓒ $\frac{15}{100}$; 0.15

Ⓓ $\frac{85}{10}$; 0.85

Nombre _____

¡Revisemos!

Puedes usar una recta numérica para ubicar números decimales y fracciones.

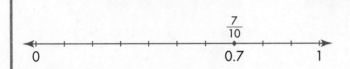

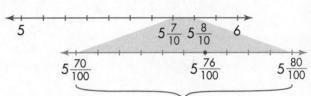

Hay 10 secciones entre cada número entero. Eso significa que cada sección equivale a una décima, $\frac{1}{10}$ o 0.1.

7 secciones significa que el punto está en 0.7 o $\frac{7}{10}$.

Hay diez secciones entre cada décimo. Eso significa que cada sección equivale a un centésimo, $\frac{1}{100}$ o 0.01.

6 secciones después de $5\frac{70}{100}$ significa que el punto está en $5\frac{76}{100}$ o 5.76.

Para **1** a **5**, identifica el punto de la recta numérica que indique el número decimal o la fracción.

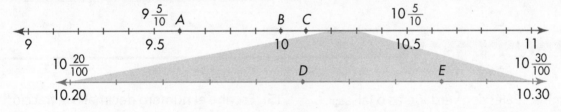

1. $10\frac{1}{10}$ 2. 10.28   3. $10\frac{25}{100}$ 4. 9.6   5. 10.0

Para **6** a **10**, identifica el punto decimal y la fracción correspondiente a cada punto marcado en la recta numérica.

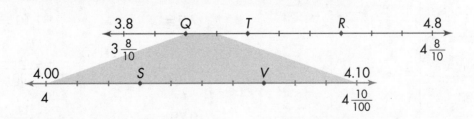

6. Q 7. R 8. S 9. T 10. V

11. ¿Qué dos puntos de la recta numérica representan el mismo punto?

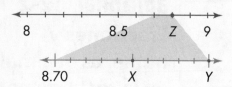

12. Representar con modelos matemáticos
Ben dice que $7\frac{9}{100}$ debe ser menor que $7\frac{2}{10}$ porque 9 centésimos es menos que 2 décimos. ¿Estás de acuerdo? Dibuja una recta numérica para mostrar cómo lo sabes.

13. Razonamiento de orden superior
Según el matemático griego Zenón, si cada rebote de una pelota es la mitad de la altura del rebote anterior, la pelota nunca dejará de rebotar. Escribe en centésimos las fracciones que corresponden a los puntos B y C.

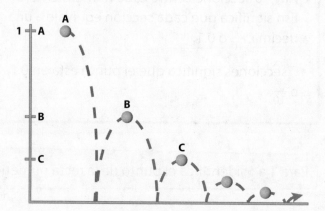

✓ **Práctica para la evaluación**

14. Determina cuáles son verdaderas o falsas. Completa la tabla.

	Verdadero	Falso
$0.09 = \frac{9}{10}$	☐	☐
$\frac{45}{100} = 0.45$	☐	☐
$1.01 = 1\frac{1}{10}$	☐	☐
$0.67 = \frac{67}{100}$	☐	☐
$5\frac{5}{100} = 5.50$	☐	☐

15. Escribe el número decimal o la fracción equivalente. Escoge los números decimales y las fracciones del recuadro.

1.01	$\frac{79}{100}$	1.11	7.19
$7\frac{9}{10}$	11.11	7.09	$1\frac{1}{10}$

$7.9 = \boxed{}$ $1.10 = \boxed{}$

$1\frac{1}{100} = \boxed{}$ $7\frac{9}{100} = \boxed{}$

$0.79 = \boxed{}$ $1\frac{11}{100} = \boxed{}$

Nombre _____

Práctica Herramientas

¡Revisemos!

Patrick recaudó dinero para una obra benéfica. El viernes recaudó $7.28. El sábado recaudó $7.15. ¿Qué día recaudó más dinero? Usa una recta numérica para comparar las cantidades.

```
          $7.15        $7.28
   <++++++|+++++|+++++|+++++|+++++|+++++|++++++>
   $7.00   $7.10   $7.20   $7.30   $7.40   $7.50
```

Como $7.28 está más a la derecha en la recta numérica, es la cantidad mayor.

Por tanto, $7.28 > $7.15.

Patrick recaudó más dinero el viernes.

> Puedes usar diferentes herramientas, como rectas numéricas, cuadrículas o bloques de valor de posición, como ayuda para comparar decimales. Si usas bloques de valor de posición, haz que la placa sea equivalente a un entero.

Para **1** a **11**, escribe >, < o = en cada ◯. Usa una herramienta apropiada para comparar si es necesario.

1.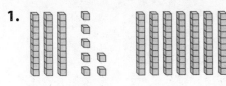

0.37 ◯ 0.77

2.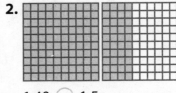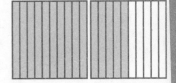

1.40 ◯ 1.5

3. 0.6 ◯ 0.55

4. 0.2 ◯ 0.20

5. 0.68 ◯ 0.59

6. $10.45 ◯ $10.54

7. 0.99 ◯ 1.0

8. 0.05 ◯ 0.04

9. 4.1 ◯ 4.10

10. 6.44 ◯ 6.4

11. $0.93 ◯ $0.39

Para **12** a **20**, escribe un número decimal para que las comparaciones sean verdaderas.

12. _____ > 1.45

13. 7.8 = _____

14. _____ > 4.42

15. 29.20 > _____

16. 8.99 < _____

17. 13.40 = _____

18. 22.18 < _____

19. _____ > 3.48

20. 9.4 > _____

21. María le dijo a Patrick que una moneda de 25¢ pesa menos que una moneda de 5¢ porque 0.2 tiene menos dígitos que 0.18. ¿Cómo puede demostrar Patrick que 0.2 es mayor que 0.18?

moneda de 25¢: 0.2 oz

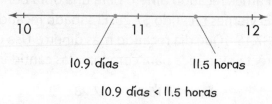

moneda de 5¢: 0.18 oz

22. Evaluar el razonamiento Kimmy dibujó la siguiente recta numérica y escribió la comparación que se muestra. ¿Es correcta su comparación? Explícalo.

10   11   12

10.9 días   11.5 horas

10.9 días < 11.5 horas

23. 🔤 **Vocabulario** Usa un término de vocabulario para que la oración sea verdadera.

En 37.2, el lugar de las unidades y el lugar de las décimas están separados por un

_____.

24. Razonamiento de orden superior Tamar está pensando en un número que llega hasta el lugar de las centésimas. El número es mayor que 0.8 y menor que 0.9. El dígito mayor del número está en el lugar de las centésimas. ¿En qué número piensa Tamar? Explícalo.

☑ **Práctica para la evaluación**

25. Andy envió dos paquetes por correo. El primer paquete pesaba 2.48 libras y el segundo paquete pesaba 2.6 libras. Andy dijo: "El envío del primer paquete costará más porque el paquete pesa más".

Parte A

¿Cómo puedes convencer a Andy de que el segundo paquete pesa más?

Parte B

Andy envió un tercer paquete que pesaba 2.5 libras. ¿El tercer paquete pesa más o menos que el primer paquete? Describe cómo usarías bloques de valor de posición para comparar los pesos.

Nombre _____

¡Revisemos!

Por la mañana, Duncan vendió $\frac{27}{100}$ de los artículos en su venta de garaje. Por la tarde, vendió otros $\frac{6}{10}$ de los artículos.

¿Qué fracción de los artículos vendió Duncan?

Halla $\frac{27}{100} + \frac{6}{10}$.

Vuelve a escribir una de las fracciones usando un común denominador.

$$\frac{6 \times 10}{10 \times 10} = \frac{60}{100}$$

Usa fracciones equivalentes para hallar cuántos artículos vendió Duncan.

Suma

$$\frac{27}{100} + \frac{60}{100} = \frac{87}{100}$$

Duncan vendió $\frac{87}{100}$ de los artículos.

Para **1** a **15**, suma las fracciones.

1. $\frac{31}{100} + \frac{4}{10} = \frac{31}{100} + \frac{\square}{100} = \frac{\square}{100}$

2. $\frac{17}{100} + \frac{9}{10} = \frac{17}{100} + \frac{\square}{\square} = 1\frac{7}{100}$

3. $\frac{\square}{100} + \frac{3}{\square} = \frac{2}{\square} + \frac{\square}{10} = \frac{5}{10}$

4. $\frac{6}{10} + \frac{39}{100}$

5. $\frac{7}{10} + \frac{22}{100}$

6. $\frac{9}{100} + \frac{3}{10} + \frac{5}{10}$

7. $2\frac{4}{10} + \frac{33}{100}$

8. $\frac{19}{100} + \frac{21}{100} + \frac{3}{10}$

9. $\frac{9}{10} + \frac{30}{100}$

10. $\frac{1}{100} + \frac{25}{10}$

11. $1\frac{3}{10} + 2\frac{8}{100}$

12. $\frac{27}{100} + \frac{2}{10}$

13. $\frac{3}{10} + \frac{4}{10} + \frac{53}{100}$

14. $\frac{64}{100} + \frac{33}{100}$

15. $3\frac{3}{10} + \frac{42}{100} + \frac{33}{100}$

16. Representar con modelos matemáticos
Cecily compra una caja de 100 clips. Pone $\frac{37}{100}$ de los clips en un frasco sobre su escritorio y otros $\frac{6}{10}$ en la gaveta de su casa. Colorea una cuadrícula que muestre cuántos clips hay en el frasco y la gaveta de Cecily; luego, escribe la fracción que representa la cuadrícula.

17. Robyn vende 100 boletos para la obra de teatro de cuarto grado. La tabla muestra cuántos boletos de cada tipo se vendieron. ¿Qué fracción representa la cantidad total de boletos para estudiantes y adultos?

Boleto	Cantidad
Adulto	$\frac{38}{100}$
Niño	$\frac{22}{100}$
Estudiante	$\frac{4}{10}$

18. enVision® STEM Las bolas que chocan en una mesa de billar americano son un ejemplo de cómo se transfiere la energía cuando los objetos chocan. Cuando chocan dos bolas, la primera bola pierde velocidad y la segunda bola se mueve. ¿Qué distancia recorrieron en total las dos bolas?

19. Razonamiento de orden superior Alecia caminó $\frac{3}{10}$ de milla desde la escuela, se detuvo en la tienda de abarrotes y luego, caminó otros $\frac{4}{10}$ de milla hasta su casa. Georgia caminó $\frac{67}{100}$ de milla desde la escuela hasta su casa. ¿Qué niña caminó más desde la escuela hasta su casa? Explícalo.

Práctica para la evaluación

20. Regina lleva un registro de cuánto lee por día de un libro de 100 páginas. El lunes leyó $\frac{33}{100}$ del libro, el martes leyó $\frac{4}{10}$ y el miércoles otros $\frac{35}{100}$ del libro. ¿Regina llenó su registro correctamente? Explícalo.

Usa lo que sabes sobre las fracciones para resolver el problema.

Nombre _____

¡Revisemos!

Suma

$1.25 + $2.01

$1.25 + $2.01 = $3.26

Resta

$2.28 − $1.25

$2.28 − $1.25 = $1.03

Multiplica

2 × $2.01

2 × $2.01 = $4.02

Divide

$3.03 ÷ 3

$3.03 ÷ 3 = $1.01

> Puedes usar monedas y billetes para sumar, restar, multiplicar y dividir con dinero.

Para **1** y **2**, dibuja o usa monedas y billetes para resolver el problema.

1. La Sra. Hargrove le debe $34.56 al médico. Le paga a la secretaria con $50.00.

   a. Haz una lista del cambio que debe recibir la Sra. Hargrove usando la menor cantidad de monedas y billetes.

   b. ¿Cuál es la cantidad total de cambio que debe recibir la Sra. Hargrove?

2. Emma compra un juego por $26.84. Le paga al cajero con $30.00.

   a. Haz una lista del cambio que debe recibir Emma usando la menor cantidad de monedas y billetes.

   b. ¿Cuál es la cantidad total de cambio que debe recibir Emma?

3. Representar con modelos matemáticos Tres amigos juntan su dinero para comprar boletos para un partido de hockey. Si reparten el cambio en cantidades iguales, ¿cuánto cambio recibirá cada uno? Escribe ecuaciones para representar el problema. Luego, resuélvelo.

dinero para los boletos

---

4. Niall tiene medio dólar, Krista tiene un cuarto de dólar, Mary tiene una décima de dólar y Jack tiene una centésima de dólar. Si juntan su dinero, ¿los 4 estudiantes tienen más o menos de un dólar? Explícalo.

5. Jessie tiene 14 monedas de 50¢, pero necesita monedas de 25¢ para lavar la ropa. Si cambia sus monedas de 50¢ por monedas de 25¢, ¿cuántas monedas de 25¢ tendrá Jessie? Explícalo.

---

6. Razonamiento de orden superior Julia y Carl compran 2 sándwiches, 1 ensalada, 1 fruta y 2 bebidas para el almuerzo. Le dan al cajero $20.03. ¿Qué monedas y billetes podrían recibir de cambio? Dibuja o usa monedas y billetes para resolver el problema.

Menú	
Sándwich	$3.96
Papitas fritas	$0.79
Fruta	$1.24
Ensalada	$2.17
Bebida	$1.55

✓ Práctica para la evaluación

7. Claire tiene una tarjeta de regalo de $60. Usa el valor total de la tarjeta para comprar 4 ejemplares del mismo libro para regalar. ¿Cuánto cuesta cada libro?

- Ⓐ $15
- Ⓑ $20
- Ⓒ $40
- Ⓓ $60

8. Larisa compra 3 bolsos. Cada bolso cuesta $126.32. ¿Cuánto gastó Larisa? Dibuja o usa billetes y monedas para resolverlo.

- Ⓐ $126.32
- Ⓑ $256.64
- Ⓒ $378.96
- Ⓓ $505.28

Práctica adicional 12-6
Buscar y usar la estructura

¡Revisemos!

¿Muestran las rectas numéricas que $0.2 = 0.5$?

Indica cómo puedes usar la estructura de una recta numérica para analizar las relaciones entre números decimales.

- Puedo descomponer el problema en partes más sencillas.

- Puedo usar lo que sé sobre el significado de los números decimales.

Usa la recta numérica para decidir si los números decimales representan partes del mismo entero.

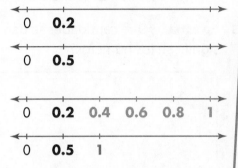

En la tercera recta numérica, se puede usar la distancia entre 0 y 0.2 como guía para marcar **0.4**, **0.6**, **0.8** y **1**.

En la cuarta recta numérica, se puede usar la distancia entre 0 y 0.5 como guía para marcar **1**.

Cuando el tamaño del entero no es igual en las dos rectas numéricas, estas no se pueden usar para mostrar números decimales equivalentes.

Usar la estructura

Anton sabe que hay $\frac{1}{2}$ milla de su casa a la tienda si va por la calle principal. Anton quiere saber qué distancia hay entre su casa y la escuela.

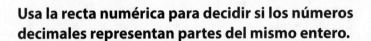

casa   tienda   escuela

1. Rotula 1, 1.5 y 2 en la recta. Explica cómo determinaste dónde poner cada número.

> Cuando buscas relaciones, usas formas equivalentes de los números.

2. ¿A qué distancia de la escuela vive Anton? Explícalo.

Tarea de rendimiento

Entrenamiento

Liz entrena 4 días por semana para escalar rocas. Los primeros 4 días de entrenamiento se muestran en la tabla. Liz piensa aumentar la distancia cada vez que escala. ¿Escaló más que los últimos dos días los primeros dos días?

Día	Distancia que escaló Liz
1	0.09 km
2	0.1 km
3	0.11 km
4	0.07 km

(DATOS)

3. **Razonar** ¿Qué cantidades se dan en el problema y qué significan los números?

4. **Entender y perseverar** ¿Qué tienes que hallar?

5. **Entender y perseverar** ¿Qué preguntas escondidas tienes que responder antes de responder a la pregunta principal?

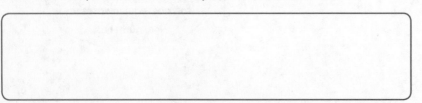

Cuando buscas relaciones, descompones los problemas en partes más sencillas para resolverlos.

6. **Representar con modelos matemáticos** Usa fracciones equivalentes para escribir ecuaciones y hallar la distancia que escaló Liz los primeros dos días y los últimos dos días.

7. **Construir argumentos** ¿Liz escaló más los primeros dos días o los últimos dos días? Usa una recta numérica para justificar tu respuesta.

Nombre _____

Práctica   Herramientas

Práctica
adicional 13-1
Equivalencia de las
unidades usuales
de longitud

¡Revisemos!

El gato de Joe, Tiger, mide $2\frac{1}{6}$ pies de longitud. El gato de Casey, Fluffy, mide $\frac{3}{6}$ de yarda de longitud. ¿Qué gato es más largo? ¿Cuánto más largo?

Hazlo con precisión
y usa las unidades
correctas.

Paso 1

Convierte la longitud de Fluffy a pies y compara.

$$\frac{3}{6} \times 3 = \frac{3 \times 3}{6}$$

$$= \frac{9}{6} = \frac{6}{6} + \frac{3}{6} = 1\frac{3}{6}$$

Fluffy mide $1\frac{3}{6}$ pies de longitud.

Compara las longitudes.

$$2\frac{1}{6} > 1\frac{3}{6}$$

Tiger es más largo.

Paso 2

Halla la diferencia. Usa un modelo lineal para ayudarte.

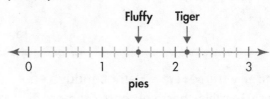

$$2\frac{1}{6} = 1 + \frac{6}{6} + \frac{1}{6} = 1\frac{7}{6}$$

$$2\frac{1}{6} - 1\frac{3}{6} = 1\frac{7}{6} - 1\frac{3}{6} = \frac{4}{6}$$

Tiger mide $\frac{4}{6}$ de pie más que Fluffy.

Para 1 a 3, escribe > o < en cada ⬭ para comparar las medidas.

1. 8 pulgadas ◯ 8 pies

2. 5 yardas ◯ 12 pies

3. 3 yardas ◯ 90 pulgadas

Para 4 a 7, convierte las unidades.

4. 25 pies = _____ pulgadas

5. 3 millas = _____ pies

6. $\frac{1}{2}$ yarda = _____ pulgadas

7. 57 yardas = _____ pulgadas

Para 8 y 9, completa las tablas.

8.

Pies	Pulgadas
2	
4	
6	
8	

9.

Yardas	Pulgadas
1	
2	
3	
4	

ancho del manubrio: 2 pies

altura de la bicicleta: $2\frac{1}{2}$ pies

ancho de la llanta: $\frac{1}{6}$ de pie

longitud de la bicicleta: 5 pies

10. Hacerlo con precisión ¿Cuántos pies de longitud más que de altura tiene la bicicleta?

11. ¿Cuál es el ancho de las llantas en pulgadas?

12. Cada manija es $\frac{1}{4}$ del ancho del manubrio. ¿Cuántas pulgadas mide cada manija?

---

13. Entender y perseverar Harriet anduvo en bicicleta $2\frac{1}{4}$ millas hasta el centro comercial. Luego, anduvo $\frac{3}{4}$ de milla hasta la tienda. Hizo el mismo camino ida y vuelta. ¿Cuántas millas recorrió en total? Explícalo.

14. Razonamiento de orden superior Usa el modelo lineal. ¿Qué fracción de 1 pie es 3 pulgadas? ¿Qué fracción de 1 yarda es 3 pulgadas? Explícalo.

```
  0  3  6  9 12 pulgs.                    1 yarda
           1 pie        2 pies            3 pies
```

Práctica para la evaluación

15. Vulkan saltó $\frac{7}{8}$ de yarda y luego $2\frac{7}{8}$ pies. ¿Cuántos pies saltó en total? Marca ambas medidas con puntos en la recta numérica.

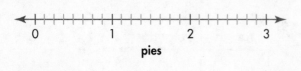

pies

 pies

16. Un sándwich mediano en Heidi's Heros mide $\frac{5}{8}$ de pie de longitud. Un sándwich pequeño mide $4\frac{7}{8}$ pulgadas. ¿Cuántas pulgadas más que el sándwich pequeño mide el mediano?

Ⓐ $2\frac{5}{8}$ pulgadas

Ⓑ $2\frac{7}{8}$ pulgadas

Ⓒ $3\frac{3}{8}$ pulgadas

Ⓓ $4\frac{2}{8}$ pulgadas

Práctica Herramientas

¡Revisemos!

Lance tiene una pecera de 8 galones. ¿Cuántos recipientes de 2 cuartos se necesitan para llenar la pecera?

Unidades usuales de capacidad
1 taza (t) = 8 onzas líquidas (oz líq.)
1 pinta (pt) = 2 t = 16 oz líq.
1 cuarto (cto.) = 2 pt = 4 t
1 galón (gal.) = 4 ctos. = 8 pt

DATOS

Paso 1

Convierte 8 galones a cuartos.

Galones	Cuartos
2	8
4	16
6	24
8	32

8 galones = 32 cuartos

Usa las unidades correctas cuando resuelvas problemas de mediciones.

Paso 2

Divide 32 cuartos por 2.

$$\begin{array}{r} 16 \\ 2\overline{)32} \\ -2 \\ \hline 12 \\ -12 \\ \hline 0 \end{array}$$

Se necesitan 16 recipientes de 2 cuartos para llenar la pecera.

Para **1** a **3**, escribe > o < en cada ◯ para comparar las medidas.

1. 5 cuartos ◯ 5 tazas

2. 5 tazas ◯ 3 pintas

3. 18 pintas ◯ 2 galones

Para **4** a **7**, convierte las unidades.

4. 3 pintas = _____ onzas líquidas

5. 16 cuartos = _____ tazas

6. 2 galones = _____ pintas

7. $\frac{1}{2}$ galón = _____ onzas líquidas

Para **8** y **9**, completa las tablas.

8.

Cuartos	Pintas
1	
2	
3	
4	

9.

Galones	Pintas
$\frac{1}{2}$	
1	
2	
3	

10. Entender y perseverar Edgar tiene una pila de agua que contiene 3 cuartos de agua. Edgar quiere llenar solo $\frac{3}{4}$ del recipiente. ¿Cuántos recipientes de 1 pinta se necesitan para llenar la pila de agua? ¿Cómo podría llenarla si usa pintas y tazas? Explícalo.

11. ¿Cuántos minutos hay en 3 horas? En una hora hay 60 minutos. Completa la tabla.

Horas	Minutos
1	
2	
3	

12. enVision® STEM ¿Cuántas libras de material de erosión transporta el río Verde al pasar por un punto dado durante $\frac{1}{4}$ de día? Un día tiene 24 horas. Explícalo.

El río Verde, en Arizona, transporta un promedio de 860 libras de material de erosión en una hora al pasar por un punto dado.

13. Un carro con un tanque de gasolina de 20 galones puede recorrer 25 millas con 1 galón de gasolina. Si el tanque está lleno al comienzo de un viaje de 725 millas, ¿cuántas veces hay que volver a llenar el tanque?

14. Razonamiento de orden superior Janice necesita 3 galones de limonada para una fiesta. Tiene 4 cuartos, 6 pintas y 4 tazas de limonada ya preparada. ¿Cuántas tazas más de limonada necesita Janice?

✅ **Práctica para la evaluación**

15. ¿A cuánto equivalen 6 pintas?

- Ⓐ 6 tazas
- Ⓑ 24 tazas
- Ⓒ 2 galones
- Ⓓ 3 cuartos

16. Selecciona todas las comparaciones que sean verdaderas.

- ☐ 4 tazas $<$ 4 onzas líquidas
- ☐ 9 pintas $>$ 9 cuartos
- ☐ 3 galones $<$ 16 cuartos
- ☐ 5 cuartos $<$ 24 tazas
- ☐ 2 galones $<$ 20 tazas

Nombre _____

¡Revisemos!

El caballo más grande del mundo pesaba casi 3,000 libras. El promedio del peso de un caballo macho adulto es $\frac{3}{5}$ de tonelada. ¿Cuánto mas que el promedio del peso del caballo adulto pesa el caballo mas grande del mundo?

Paso 1

Convierte a libras el promedio del peso del caballo adulto. Usa el modelo.

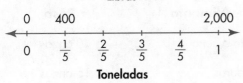

Libras

| 0 | 400 | | | | 2,000 |

| 0 | $\frac{1}{5}$ | $\frac{2}{5}$ | $\frac{3}{5}$ | $\frac{4}{5}$ | 1 |

Toneladas

$\frac{3}{5}$ de tonelada = 1,200 libras

Paso 2

Halla la diferencia.

3,000 lb

| 1,200 lb | d |

$d = 3,000 - 1,200$
$d = 1,800$

El caballo más grande del mundo pesaba 1,800 libras más que el promedio del caballo adulto.

Hay 2,000 libras en una tonelada.

Para **1** a **3**, escribe > o < en cada ◯ para comparar las medidas.

1. 8 onzas ◯ 8 libras

2. 75 onzas ◯ 5 libras

3. 7,000 libras ◯ 3 toneladas

Para **4** a **7**, convierte las unidades.

4. 21 libras = _____ onzas

5. 8 toneladas = _____ libras

6. 6 toneladas = _____ libras

7. $\frac{1}{2}$ libra = _____ onzas

Para **8** y **9**, completa las tablas.

8.

Toneladas	Libras
1	2,000
2	
3	

9.

Libras	Onzas
1	16
2	
3	

Los conejillos de Indias de Heidi pesan $2\frac{1}{2}$ libras cada uno.

10. **Hacerlo con precisión** ¿Cuál es el peso total en onzas de los 2 conejillos de Indias de Heidi?

11. **Hacerlo con precisión** ¿Cuál es el peso total en onzas del alimento de los conejillos de Indias de Heidi?

12. **Razonamiento de orden superior** Una libra de alimento balanceado es aproximadamente 3 tazas de alimento. Cada conejillo de Indias come $\frac{1}{4}$ de taza de alimento balanceado por día. ¿Cuántos días durará el alimento balanceado? Explícalo.

DATOS

Alimento para los conejillos de Indias de Heidi	
Alimento	**Peso**
Pasto o heno	40 onzas
Verduras	15 onzas
Alimento balanceado	5 libras

13. **Sentido numérico** ¿Qué producto es mayor: 9×15 o 9×17? Explica cómo puedes saberlo sin hallar los productos.

14. ¿Qué es mayor: $\frac{1}{12}$ de libra o 2 onzas? Explícalo.

✓ **Práctica para la evaluación**

15. ¿Qué opción es más probable que pese 4 toneladas?

   Ⓐ Una cereza

   Ⓑ Un hombre

   Ⓒ Una bolsa de patatas

   Ⓓ Un helicóptero

16. ¿Qué comparación es verdadera?

   Ⓐ 5,000 libras $<$ 2 toneladas

   Ⓑ 6 libras $>$ 98 onzas

   Ⓒ 36 onzas $<$ 2 libras

   Ⓓ 4 libras $>$ 60 onzas

Práctica Herramientas

¡Revisemos!

Jasmine terminó 9 centímetros de la bufanda que está tejiendo. Manuela terminó 108 milímetros de su bufanda. ¿Cuánto más que la bufanda de Jasmine mide la bufanda de Manuella?

> Para convertir de una unidad más grande, como los centímetros, a una unidad más pequeña, como los milímetros, hay que multiplicar.

Paso 1

Convierte 9 centímetros a milímetros.

1 centímetro = 10 milímetros

$9 \times 10 = 90$ milímetros

↑ cantidad de centímetros
↑ milímetros por centímetro

9 centímetros = 90 milímetros

Paso 2

Halla la diferencia, d.

108 mm	
90 mm	d

$108 - 90 = d$

$d = 18$

La bufanda de Manuella mide 18 milímetros más que la bufanda de Jasmine.

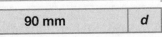

Para **1** a **3**, escribe qué unidad de medida usarías para medir cada cosa.

1. La altura de un árbol

2. El ancho de un grano de maíz

3. La longitud de tu brazo

Para **4** a **7**, convierte las unidades.

4. 7 metros = _____ centímetros

5. 8 kilómetros = _____ metros

6. 65 centímetros = _____ milímetros

7. 2 metros = _____ centímetros

Para **8** y **9**, completa las tablas.

8.

Kilómetros	Metros
1	1,000
2	
3	

9.

Metros	Centímetros
1	100
2	
3	

10. Brittney compró dos botellas de champú como el de la ilustración y pagó $0.52 de impuestos. ¿Cuánto gastó? Usa monedas y billetes para resolver.

$2.88

HUMECTACIÓN DIARIA
CHAMPÚ

$2.88

Para todo tipo de cabello
23.7 OZ LÍQ.

11. Brittney pagó el champú con un billete de $20. ¿Cuánto cambio recibió? Usa monedas y billetes para resolver.

---

12. Jason mide 1.4 metros. Su hermano mide 0.9 metros. ¿Quién es más alto? Marca cada altura en el modelo lineal. Explícalo.

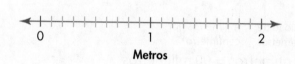

0   1   2
Metros

---

13. Martha se cortó 2.35 centímetros de cabello. Neil se cortó 2.53 centímetros de cabello. ¿Quién se cortó más cabello? Explícalo.

14. Una araña recorrió 3 metros en un minuto. ¿Cuántos centímetros recorrió?

---

15. Hacerlo con precisión El techo de la clase del Sr. Vega mide 3 metros de altura. El techo del pasillo mide 315 centímetros de altura. ¿Cuánto más alto que el techo de la clase es el techo del pasillo?

16. Razonamiento de orden superior Una cinta amarilla mide 56 centímetros. Mide dos veces la longitud de una cinta verde. Una cinta color café mide 4 veces la longitud de la cinta verde. ¿Cuál es la longitud de la cinta color café?

✓ **Práctica para la evaluación**

17. Marca todos los enunciados verdaderos.

☐ 1,000 kilómetros = 100 metros

☐ 11 metros = 110 centímetros

☐ 17 centímetros = 170 milímetros

☐ 5 metros = 500 milímetros

☐ 5 kilómetros = 5,000 metros

18. Marca todas las comparaciones verdaderas.

☐ 5 metros $<$ 5,200 milímetros

☐ 18 kilómetros $<$ 1,800 metros

☐ 21 centímetros $>$ 200 milímetros

☐ 7 metros $<$ 70 centímetros

☐ 6 metros $>$ 6,200 milímetros

Nombre _____

Práctica adicional 13-5
Equivalencia de las unidades métricas de capacidad y masa

¡Revisemos!

Convierte las unidades.

Para convertir de kilogramos a gramos, hay que multiplicar por 1,000.

Para convertir de litros a mililitros, hay que multiplicar por 1,000.

Convierte 8 litros a mililitros.

1 litro = 1,000 mililitros

$8 \times 1,000 = 8,000$

8 litros = 8,000 mililitros

Convierte 9 gramos a miligramos.

1 gramo = 1,000 miligramos

$9 \times 1,000 = 9,000$

9 gramos = 9,000 miligramos

Para **1** a **3**, escribe qué unidad de medida usarías para medir cada cosa.

1. El agua de un lavarropas

2. La masa de un perro de gran tamaño

3. La masa de una uva

Para **4** a **7**, convierte las unidades.

4. 2 litros = _____ mililitros

5. 8 gramos = _____ miligramos

6. 3 kilogramos = _____ gramos

7. 7 litros = _____ mililitros

Para **8** y **9**, completa las tablas.

8.

Litros	Mililitros
7	
8	
9	

9.

Kilogramos	Gramos
4	
5	
6	

En línea | SavvasRealize.com   **Tema 13** | Lección 13-5   **171**

10. 🔤 **Vocabulario** Completa el espacio en blanco:

El/La _____ es la cantidad de materia que contiene una cosa.

El/La _____ es la medida que expresa cuánto pesa un objeto.

11. ¿Una taza contiene 250 litros de líquido o 250 mililitros de líquido? Explícalo.

---

12. **enVision®** STEM Un glaciar desplazó una gran roca de 9 kilogramos de masa. ¿Cuál era la masa de la roca en gramos?

13. Otro glaciar desplazó una roca que pesaba 2 toneladas. ¿Cuántas libras pesaba la roca?

Los glaciares mueven grandes rocas, y las grandes rocas erosionan el suelo.

---

14. **Razonar** Hannah tiene 3 cajas de arroz. Una caja contiene 3 kilogramos, la segunda caja contiene 150 gramos y la tercera caja contiene 500 gramos. Hannah quiere dividir el arroz en cantidades iguales en 5 bolsas. ¿Cuánto arroz debe poner en cada bolsa? Explícalo.

15. **Razonamiento de orden superior** Rob tiene una botella de té helado de 2 litros. Rob sirve la misma cantidad de té helado en 8 recipientes. ¿Cuántos mililitros sirve en cada recipiente?

✅ **Práctica para la evaluación**

16. ¿Qué opción muestra una comparación correcta?

Ⓐ 1,000 litros $<$ 1,000 mililitros

Ⓑ 40 litros $<$ 400 mililitros

Ⓒ 5,100 mililitros $>$ 5 litros

Ⓓ 900 mililitros $>$ 900 litros

17. ¿Qué enunciado es verdadero?

Ⓐ 5 gramos = 500 miligramos

Ⓑ 1 gramo = 10 miligramos

Ⓒ 910 kilogramos = 910 gramos

Ⓓ 2 kilogramos = 2,000 gramos

Nombre _____

Práctica Herramientas

Práctica adicional 13-6
Resolver problemas sobre perímetro y área

¡Revisemos!
Halla el perímetro del rectángulo.

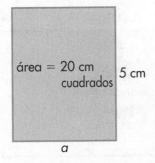

área = 20 cm cuadrados   5 cm

a

La longitud y el ancho de un rectángulo se usan para hallar el perímetro y el área de la figura.

Usa la fórmula del área de un rectángulo para hallar el ancho.

$A = \ell \times a$

$20 = 5 \times a$

$a = 4$

El ancho del rectángulo es 4 centímetros.

Usa la fórmula del perímetro para hallar el perímetro del rectángulo.

$P = (2 \times \ell) + (2 \times a)$

$P = (2 \times 5) + (2 \times 4)$

$P = 10 + 8 = 18$

El perímetro del rectángulo es 18 centímetros.

Para **1** a **4**, usa las fórmulas del perímetro y el área para resolver los problemas.

1. Halla *n*.

2 pies | área = 28 pies cuadrados | ←—*n*—→

2. Halla *n*. Luego, halla el área.
Perímetro = 86 pulgs.

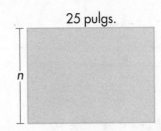

25 pulgs.

n

3. Halla *n*. Luego, halla el perímetro.

3 pies | área = 33 pies cuadrados
n

4. Halla *n*. Perímetro = $60\frac{2}{4}$ pulgs.

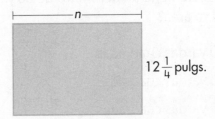

←—*n*—→

$12\frac{1}{4}$ pulgs.

En línea | SavvasRealize.com   **Tema 13** | Lección 13-6   **173**

5. El viernes asistieron 39,212 espectadores al partido de béisbol en un estadio de las ligas mayores. El sábado asistieron 41,681 espectadores y el domingo asistieron 42,905. ¿Cuántos espectadores más que el viernes asistieron el sábado y el domingo?

6. ¿Cuál es el área de un cuadrado con un perímetro de 28 pies?

---

7. Un lado del jardín mide 3 veces lo que mide el otro. ¿Cuáles son las dimensiones del jardín?

Área = 48 m cuadrados

---

8. Los lados de cada cuadrado de la agarradera miden 1 pulgada. ¿Cuál es el perímetro y cuál es el área de la agarradera?

---

9. ¿Cuántos segundos hay en 3 minutos? En un minuto hay 60 segundos. Completa la tabla.

Minutos	Segundos
1	
2	
3	

10. Razonamiento de orden superior
Una clase de arte planea pintar un mural rectangular cuya área es 60 pies cuadrados. El mural debe tener al menos 4 pies de altura pero no más de 6 pies. La longitud y el ancho tienen que ser números enteros. Haz una lista con todos los anchos posibles del mural.

Práctica para la evaluación

11. El rectángulo tiene un perímetro de 86 yardas. ¿Cuál es su área?

15 yd

Ⓐ 210 yardas cuadradas

Ⓑ 420 yardas cuadradas

Ⓒ 560 yardas cuadradas

Ⓓ 840 yardas cuadradas

Práctica Herramientas

¡Revisemos!

Mia tiene una cuerda que mide 2 metros de longitud. Corta la cuerda en 4 trozos iguales. ¿Es uno de los trozos de cuerda suficientemente largo para atarlo alrededor del perímetro de una caja cuadrada cuya longitud de lado es 16 centímetros? Explícalo.

Indica cómo puedes resolver el problema con precisión.

- Puedo usar correctamente la información dada.

- Puedo calcular con precisión.

- Puedo decidir si mi respuesta es clara y apropiada.

- Puedo usar las unidades correctas.

Cuando trabajas con precisión, usas símbolos y lenguaje matemático de manera apropiada.

Presta atención a la precisión cuando resuelves el problema.

Primero, convierte 2 metros a centímetros. $2 \times 100 = 200$ centímetros

Luego, halla la longitud de cada trozo después de cortar la cuerda en 4 trozos iguales. $200 \div 4 = 50$ centímetros

Luego, halla el perímetro de la caja cuadrada. $P = 4 \times 16 = 64$ centímetros

El trozo de 50 centímetros no es suficientemente largo para rodear el perímetro de 64 centímetros de la caja.

Hacerlo con precisión

Susan compró una bolsa de uvas de 1 kilogramo. De camino a casa, comió 125 gramos de uvas. ¿Cuántos gramos de uvas le quedan ahora a Susan? Usa los Ejercicios 1 a 3 para resolver el problema.

1. ¿Cómo puedes usar la información dada para resolver el problema?

2. ¿Cuántos gramos de uvas le quedan a Susan? Muestra cómo calculaste con precisión.

3. Usa lenguaje y símbolos matemáticos para explicar cómo usaste las unidades de medición correctas para resolver el problema.

Bolsas portateléfonos

Lex quiere hacer bolsas portateléfonos como la de la imagen. El patrón muestra el material que se necesita para cada lado de la bolsa. Lex precisa saber cuánto material necesitará para hacer cada bolsa.

Patrón $\frac{1}{2}$ pie

7½ pulgadas de cuerda

3 pulgs.

4. **Entender y perseverar** ¿Qué sabes y qué tienes que hallar?

5. **Representar con modelos matemáticos** Escribe y resuelve ecuaciones para explicar cómo resolver el problema. Explica qué representa cada variable.

Cuando trabajas con precisión, das explicaciones cuidadosamente formuladas que son claras y apropiadas.

6. **Hacerlo con precisión** Explica cómo sabes qué unidades debes usar en tu respuesta.

7. **Razonar** ¿Qué información no era necesaria para resolver el problema?

Nombre _____

Práctica adicional 14-1
Progresiones numéricas

¡Revisemos!

Melanie tiene que crear un patrón con la regla "Sumar 11". Su número inicial es 11. ¿Cuáles son los 5 números que siguen en el patrón de Melanie? Describe un atributo del patrón.

Puedes usar una regla para describir un patrón numérico.

Usa la regla para continuar el patrón.

$$+11 \quad +11 \quad +11 \quad +11 \quad +11$$
$$11 \quad 22 \quad 33 \quad 44 \quad 55 \quad 66$$

Los 5 números que siguen en el patrón de Melanie son 22, 33, 44, 55 y 66.

Describe atributos del patrón.

- Los números del patrón son múltiplos de 11.

- Los dígitos del lugar de las unidades aumentan en 1 a medida que el patrón continúa.

Para **1** a **6**, continúa cada patrón. Describe un atributo de cada patrón.

1. Restar 2: 30, 28, 26, _____, _____

2. Sumar 8: 14, 22, 30, _____, _____

3. Sumar 9: 108, 117, 126, _____, _____

4. Restar 7: 161, 154, 147, _____, _____

5. Sumar 10: 213, 223, 233, _____, _____

6. Restar 18: 452, 434, 416, _____, _____

Para **7** a **12**, usa la regla para completar el número que falta en cada patrón.

7. Sumar 3

    41, 44, _____, 50

8. Restar 10

    429, 419, 409, _____

9. Sumar 16

    27, _____, 59, 75

10. Sumar 11

    117, _____, 139, 150

11. Restar 2, Sumar 3

    6, 4, 7, _____, _____

12. Sumar 2, Restar 4

    10, 12, 8, _____, _____

13. Entender y perseverar Emily compra un sándwich, una ensalada y una bebida. Si paga con $20, ¿cuánto cambio recibirá? Usa billetes y monedas para resolver el problema.

Artículo	**Precio**
Sándwich	$5.75
Ensalada	$3.25
Bebida	$1.45

14. Mimi comenzó un patrón con 55 y usó la regla "Sumar 10". ¿Cuáles son los primeros cinco números del patrón de Mimi? Describe un atributo del patrón.

15. Jack acomodó los lápices en grupos de 6 para formar un patrón. Su regla es "Sumar 6". El número inicial es 6. ¿Cuáles son los 4 números que siguen en el patrón de Jack?

16. Las elecciones presidenciales se llevan a cabo cada 4 años. Hubo elecciones presidenciales en 1840, 1844, 1848 y 1852. ¿Cuándo fueron las tres elecciones presidenciales siguientes? Describe un atributo del patrón.

17. Razonamiento de orden superior
Sarah creó un patrón. Su regla es "Sumar 4". Todos los números del patrón de Sarah son impares. Tres de los números del patrón son menores que 10. ¿Cuál es el número inicial del patrón de Sarah?

✓ **Práctica para la evaluación**

18. Los números de las casas de la avenida Carr Memorial siguen un patrón. Las primeras cuatro casas del lado izquierdo de la calle tienen los números 1408, 1414, 1420 y 1426. La regla es "Sumar 6". ¿Cuántas casas más con números menores que 1450 hay del lado izquierdo de la calle?

Ⓐ 1 casa

Ⓑ 2 casas

Ⓒ 3 casas

Ⓓ 4 casas

19. Noreen entrena para una carrera. La primera semana corrió la ruta en 54 minutos. La segunda semana corrió la ruta en 52 minutos. La tercera semana corrió la ruta en 50 minutos. Noreen corre 2 minutos más rápido cada semana. Si el patrón continúa, ¿cuántos minutos tardará Noreen en correr la ruta la quinta semana?

Ⓐ 44 minutos

Ⓑ 46 minutos

Ⓒ 48 minutos

Ⓓ 50 minutos

Práctica Herramientas

Nombre _____

¡Revisemos!

Stephanie quiere saber cuántos jugadores participan en una competencia. Hay 6 equipos. Cada equipo tiene 11 jugadores. La regla es "Multiplicar por 11".

Usa la regla para completar la tabla.

Cantidad de equipos	Cantidad de jugadores
1	11
2	22
3	33
4	44
5	55
6	66

Describe atributos del patrón.

- La cantidad de jugadores es múltiplo de 11.

- Los dígitos del lugar de las unidades aumentan en 1 por cada equipo que se agrega.

- La cantidad de equipos es un factor de la cantidad de jugadores en cada par de números.

Participan 66 jugadores en la competencia.

Para **1** a **4**, usa la regla para completar cada tabla. Describe un atributo de cada patrón.

1. Regla: Multiplicar por 12

Cantidad de docenas	4	5	6	7
Cantidad de huevos	48		72	

2. Regla: Dividir por 9

Cantidad de jugadores de béisbol	54	63	72	81
Cantidad de equipos	6	7		

3. Regla: Dividir por 6

Cantidad de patas	162	168	174	180
Cantidad de insectos		28	29	

4. Regla: Multiplicar por 10

Cantidad de números telefónicos	33	34	35	36
Cantidad de dígitos en los números telefónicos	330	340		

5. La tabla muestra la cantidad de dinero que gana Emma haciendo diferentes tareas. ¿Cuánto gana Emma cuando hace 6 tareas?

Regla: Multiplicar por 9

Cantidad de tareas	Cantidad ganada
3	$27
4	$36
5	$45
6	

6. enVision® STEM Una *longitud de onda* es la distancia entre 1 pico de una onda de luz, calor u otra forma de energía y el pico siguiente. Greta midió la distancia de 3 longitudes de onda. ¿Cuál es la distancia de 1 longitud de onda?

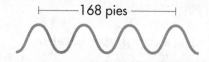

├── 168 pies ──┤

7. Escribe 894,217 en forma desarrollada y luego, escribe el nombre del número.

8. En el distrito de una ciudad, la cantidad de estudiantes inscritos en la escuela primaria es 21,611 más que en la escuela intermedia. Si hay 16,247 estudiantes inscritos en la escuela intermedia, ¿cuántos están inscritos en la escuela primaria?

Para **9** y **10**, la regla es "Dividir por 7".

9. Según la regla de la tabla, ¿cuántas camisetas se venderán por $168?

¿Necesitas hallar el precio de 30 camisetas y 9 camisetas para resolver el Ejercicio 10?

10. Razonamiento de orden superior ¿Cuánto más que 9 camisetas cuestan 30 camisetas? Explícalo.

Precio	Cantidad de camisetas
$147	21
$154	22
$161	23

DATOS

11. Hay 24 horas en un día. Usa la regla "Multiplicar por 24" para mostrar la relación entre la cantidad de días y la cantidad de horas. Usa cada dígito del recuadro solo una vez para completar la tabla.

Cantidad de días	13	14	15	16	17
Cantidad de horas	☐☐☐	336	360	384	☐☐☐

0	1
2	3
4	8

Nombre _____

Práctica adicional 14-3
Patrones: Figuras que se repiten

¡Revisemos!

Alan está usando la siguiente regla para hacer un patrón que se repite. ¿Cuál es la 31.ª figura del patrón de Alan?

Regla: Rectángulo, círculo, cuadrado, triángulo

    ...

Divide: 31 ÷ 4 = 7 R3

El patrón se repite 7 veces. Luego, aparecen 3 figuras más.

La tercera figura del patrón que se repite es el cuadrado.
El cuadrado es la 31.ª figura del patrón que se repite.

La cuarta figura de cada serie es la misma porque hay cuatro elementos que se repiten en el patrón.

Para **1** a **4**, dibuja o escribe los tres elementos siguientes para continuar cada patrón que se repite.

1. La regla es "Óvalo, triangulo".

 ...

2. La regla es "Corto, largo, mediano".

 ...

3. La regla es "2, 8, 9".

2, 8, 9, 2, 8, 9, 2, 8, 9, …

4. La regla es "1, 2, 3, 4, 5".

1, 2, 3, 4, 5, 1, 2, 3, 4, …

Para **5** a **8**, halla la figura o el número que se pide en cada patrón que se repite.

5. La regla es "Estrella, círculo, corazón". ¿Cuál es la 17.ª figura?

 ...

6. La regla es "Sumar, restar, multiplicar, dividir". ¿Cuál es la 100.ª figura?

 ...

7. La regla es "1, 1, 1, 2". ¿Cuál es el 87.º número?

1, 1, 1, 2, 1, 1, 1, 2, 1, 1, 1, 2, …

8. La regla es "8, 9". ¿Cuál es el 100.º número?

8, 9, 8, 9, 8, 9, …

9. Se cree que Stonehenge, un antiguo monumento de Inglaterra, originalmente estaba formado por un patrón de rocas que se repetía y que se veía así:

La regla es "Vertical, horizontal, vertical". Dibuja la 26.ª figura del patrón.

10. **Razonar** Marcia usa la regla "Corazón, estrella, estrella" para hacer un patrón que se repite. Quiere que el patrón se repita 6 veces. ¿Cuántas estrellas habrá en el patrón de Marcia?

♥ ☆ ☆ ♥ ☆ ☆ ...

11. **A-Z Vocabulario** Describe la diferencia entre *perímetro* y *área*.

12. **Razonamiento de orden superior** Tanji creó un patrón que se repite con la regla "Cuadrado, círculo". Kenji creó un patrón que se repite con la regla "Cuadrado, círculo, triángulo, círculo". Si Tanji y Kenji tienen 100 figuras cada uno en sus patrones, ¿qué patrón contiene más círculos? Explícalo.

Patrón de Tanji

Patrón de Kenji

✓ **Práctica para la evaluación**

13. ¿Qué reglas dan un patrón que se repite cuyo 20.º número es un 9? Selecciona todas las que apliquen.

☐ 1, 9, 4
☐ 1, 2, 3, 9
☐ 9, 9, 9
☐ 1, 2, 9
☐ 9, 1, 4

14. ¿Qué reglas dan un patrón que se repite cuya 20.ª figura es un círculo? Selecciona todas las que apliquen.

☐ Cuadrado, círculo
☐ Círculo, cuadrado, triángulo
☐ Trapecio, círculo, cuadrado
☐ Círculo, círculo, círculo
☐ Círculo, triángulo, círculo

Práctica Herramientas

¡Revisemos!

Dwayne construyó las torres de la derecha. Usó una regla que establece que cada torre tiene 1 bloque más que la torre anterior. ¿Cuántos bloques se necesitan para la 10.ª torre?

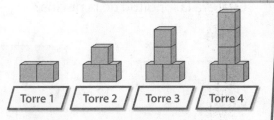

Torre 1   Torre 2   Torre 3   Torre 4

Indica cómo puedes resolver el problema.

- Puedo usar la regla que describe cómo se relacionan los objetos o los valores de un patrón.

- Puedo usar atributos del patrón que no están en la regla para ampliar el patrón.

Amplía el patrón y halla atributos que no están en la regla.

Cuando buscas relaciones, reconoces, describes y usas patrones.

Número de torre	1	2	3	4	5
Cantidad de bloques	2	3	4	5	6

La cantidad de bloques de cada torre es 1 más que el número de torre. La 10.ª torre contiene 10 + 1 = 11 bloques.

Usar la estructura

Sarah usa lana para hacer figuras en forma de rombo como las que se muestran. Sarah suma la longitud de los lados para determinar cuánta lana necesita. ¿Cuál es la mayor longitud de lado que puede hacer con 48 pulgadas de lana? Usa los Ejercicios 1 a 3 para responder a la pregunta.

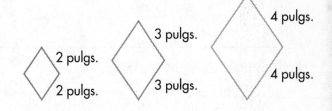

2 pulgs. 2 pulgs. 3 pulgs. 3 pulgs. 4 pulgs. 4 pulgs.

1. Completa la tabla como ayuda para describir el patrón.

Pulgadas en un lado	2	3	4	5	6
Pulgadas de lana necesarias	8	12	16		

2. ¿Cuál es otro atributo del patrón que no describe la regla?

3. ¿Cuál es la longitud de lado del rombo que puede hacer Sarah con 48 pulgadas de lana? Explícalo.

Piscinas

La compañía Piscinas Peter instala piscinas rectangulares que miden 10 pies de ancho. La longitud puede variar de 10 pies a 30 pies. La compañía instaló una piscina con un perímetro de 76 pies. ¿Cuál era la longitud de la piscina?

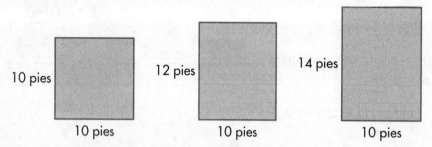

4. Razonar ¿Qué cantidades se dan en el problema y qué significan los números?

5. Entender y perseverar ¿Qué tienes que hallar?

6. Razonar Completa la tabla.

Pies de longitud	10	12	14	16	18	20	22	24
Perímetro	40	44	48					

> Cuando usas la estructura, descompones el problema en partes más sencillas.

7. Usar la estructura ¿Cuál es la longitud de una piscina con un perímetro de 76 pies? Explica cómo hallaste la respuesta. Luego, describe cómo puedes usar un atributo del patrón para hallar la longitud.

Nombre _____

¡Revisemos!

Estos son algunos términos geométricos importantes.

•C			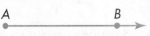
Punto	**Recta**	**Segmento de recta**	**Semirrecta**
Un punto es una ubicación exacta en el espacio. Este es el punto C.	Una recta es un camino derecho de puntos que se extiende indefinidamente en direcciones opuestas. Esta es $\overleftrightarrow{AB}$.	Un segmento de recta es una parte de una recta. Tiene dos extremos. Este es $\overline{XY}$.	Una semirrecta es una parte de una recta. Tiene un extremo y se extiende indefinidamente en una dirección. Esta es $\overrightarrow{AB}$.
	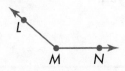		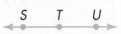
Ángulo recto	**Ángulo obtuso**	**Ángulo agudo**	**Ángulo llano**
Un ángulo recto forma una esquina cuadrada. Este es ∠QRS.	Un ángulo obtuso es mayor que un ángulo recto. Este es ∠LMN.	Un ángulo agudo es menor que un ángulo recto. Este es ∠HIJ.	Un ángulo llano forma una línea recta. Este es ∠STU.

Para **1** a **3**, usa términos geométricos para describir lo que se muestra. Sé lo más específico posible.

1.
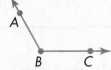

2.
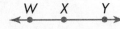

3. J _____ K

Para **4** a **7**, dibuja la figura geométrica que corresponde a cada término.

4. Recta

5. Semirrecta

6. Segmento de recta

7. Ángulo agudo

Para **8** a **10**, usa el diagrama de la derecha.

Puede haber más de un nombre para la misma figura geométrica.

8. Identifica dos rectas.

9. Identifica dos ángulos obtusos.

10. Identifica un punto que esté en dos rectas.

11. **Representar con modelos matemáticos** Randy usó 92 palitos para construir un modelo. Bryan usó 3 veces esa cantidad de palitos. Completa el diagrama de barras para representar cuántos palitos usó Bryan. Luego, halla cuántos palitos más que Randy usó Bryan. Escribe ecuaciones y resuélvelas.

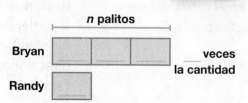

12. 🔤 **Vocabulario** ¿Cuál es la diferencia entre una *recta* y un *segmento de recta*? Dibuja un ejemplo de cada uno.

13. **Razonamiento de orden superior** Identifica dos semirrectas con el mismo extremo en el siguiente dibujo. ¿Las semirrectas forman un ángulo? Explícalo.

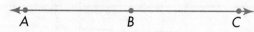

🗹 **Práctica para la evaluación**

14. ¿Cuál es el nombre de la figura que se muestra?

Ⓐ Semirrecta *GH*

Ⓑ Recta *GH*

Ⓒ Segmento de recta *HG*

Ⓓ Ángulo *GH*

15. Mary dibujó $\overleftrightarrow{XY}$. ¿Cuál de las siguientes opciones es el dibujo de Mary?

Ⓐ • *X*

Ⓑ

Ⓒ

Ⓓ

Nombre _____

Práctica
adicional 15-2
Ángulos y ángulos
de un grado
sexagesimal

¡Revisemos!

Puedes hallar la medida de un ángulo usando fracciones de círculo.

El ángulo que se muestra ocupa $\frac{2}{5}$ de un círculo.

¿Cuál es la medida del ángulo?

Recuerda que $\frac{2}{5} = \frac{1}{5} + \frac{1}{5}$.

Divide para hallar la medida del ángulo que ocupa $\frac{1}{5}$ de círculo.

$360° \div 5 = 72°$

Un ángulo que da un giro de $\frac{1}{5}$ de círculo mide 72°.

$72° + 72° = 144°$

Este ángulo mide 144°.

Las fracciones de círculo te pueden ayudar a comprender las medidas de los ángulos.

Para **1** a **4**, halla la medida de cada ángulo.

1. El ángulo da un giro de $\frac{1}{9}$ de círculo.

2. Un círculo se divide en 6 partes iguales. ¿Cuál es la medida del ángulo de 1 parte?

_____ $\div 6 =$ _____

3. Un círculo se divide en 5 partes iguales. ¿Cuál es el total de las medidas de los ángulos de 4 partes?

4. Un círculo se divide en 8 partes iguales. ¿Cuál es el total de las medidas de los ángulos de 4 partes?

5. Noah usó un diagrama de barras para hallar la medida de un ángulo que da un giro de $\frac{1}{5}$ de círculo. Escribe una ecuación para hallar la medida del ángulo.

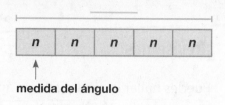

medida del ángulo

6. **Sentido numérico** Miguel cortó $\frac{1}{4}$ de un pastel redondo. Mariah cortó una porción del mismo pastel cuyo ángulo medía 60°. ¿Quién cortó la porción más grande? Explícalo.

7. **Construir argumentos** Janie sirvió 4 pizzas del mismo tamaño en la fiesta de la clase. Explica cómo hallar cuántas porciones de pizza sirvió Janie si el ángulo de cada porción es un ángulo recto.

8. El hermano mayor de Wendy comprará un carro. Quiere hacer 24 pagos de $95 o 30 pagos de $80. ¿Qué opción cuesta menos? ¿Cuánto menos?

9. **Razonamiento de orden superior** Un círculo se divide en 18 partes iguales. ¿Cuántos grados mide el ángulo de cada parte? ¿Cuántos grados mide el ángulo de 5 partes? Descompón 18 para resolver. Explícalo.

☑ **Práctica para la evaluación**

10. ¿Qué ángulo representa la parte sombreada del círculo?

    Ⓐ 90°

    Ⓑ 120°

    Ⓒ 144°

    Ⓓ 60°

11. ¿Qué ángulo representan las agujas del reloj?

    Ⓐ 90°

    Ⓑ 120°

    Ⓒ 144°

    Ⓓ 60°

Nombre _____

Práctica adicional 15-3
Medir con ángulos de un grado sexagesimal

¡Revisemos!

El ángulo más pequeño del bloque de patrón de la derecha mide 30°.

Usa el bloque de patrón de la derecha para hallar la medida del siguiente ángulo.

 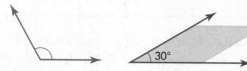

Cabrán cuatro ángulos de 30° en el ángulo.

Puedes usar un ángulo que conoces para hallar la medida de un ángulo que no conoces.

30° + 30° + 30° + 30° = 120°
Este ángulo mide 120°.
Da un giro de 120 ángulos de un grado.

Para **1** a **6**, halla la medida de los ángulos. Usa los bloques de patrón como ayuda para resolver los problemas.

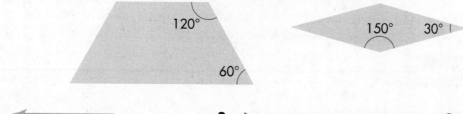

1.

2.
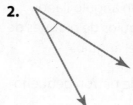

3.

4.
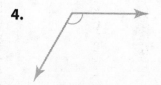

5.

6.
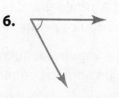

7. Construir argumentos Una mesa redonda de una clase está hecha con 5 partes idénticas. ¿Cuál es la medida de los ángulos que se forman en el centro de la mesa? Explícalo.

8. ¿Cuántos ángulos de un grado ocupa el ángulo más pequeño de un bloque de patrón pequeño? Explícalo.

30°

9. Mario cortó una pizza circular en 9 porciones iguales. Tiene 5 platos y puso una porción en cada uno. ¿Cuál es la medida del ángulo de las porciones que quedaron?

10. Sentido numérico ¿Cuántos ángulos de 30° hay en un ángulo de 150°? Usa la resta repetida para resolverlo. Haz un dibujo para justificar tu solución.

11. Los padres de Matt le pagan $5.50 por cada media hora que Matt cuida de su hermana, más una propina de dos dólares. Si Matt ganó $18.50, ¿cuánto tiempo estuvo cuidando de su hermana?

12. Razonamiento de orden superior Si un reloj marca la 1:00, ¿cuántas horas deben pasar para que las manecillas formen un ángulo llano?

☑ **Práctica para la evaluación**

13. Shirley usa bloques de patrón para medir un ángulo llano. Selecciona todas las combinaciones de ángulos de bloques de patrón que puede usar Shirley para medir el ángulo.

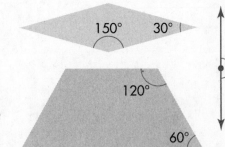

150°   30°

120°

60°

?

☐ 6 ángulos pequeños del bloque de patrón pequeño

☐ 1 ángulo grande y un ángulo pequeño del bloque de patrón grande

☐ 1 ángulo grande del bloque de patrón grande y 3 ángulos pequeños del bloque de patrón pequeño

☐ 4 ángulos pequeños del bloque de patrón pequeño y un ángulo pequeño del bloque de patrón grande

☐ 2 ángulos grandes del bloque de patrón grande

Nombre _____

¡Revisemos!

Para medir un ángulo:

Coloca el centro del transportador sobre el vértice del ángulo y la marca de 0° sobre una de las semirrectas del ángulo. Lee el número que indica los grados en el punto donde la otra semirrecta del ángulo cruza el transportador. Si el ángulo es agudo, usa el número menor. Si es obtuso, usa el número mayor.

Para dibujar un ángulo:

Dibuja un punto para mostrar el vértice del ángulo. Coloca el centro del transportador sobre el punto del vértice. Dibuja otro punto en la marca de 0 y otro punto en la marca de los grados del ángulo. Traza semirrectas desde el vértice hasta los otros puntos.

Puedes usar un transportador para medir o dibujar ángulos.

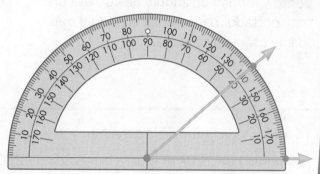

Para **1** a **4**, mide los ángulos. Indica si el ángulo es agudo, recto u obtuso.

1.

2.

3.

4.

Para **5** a **12**, usa un transportador para dibujar los ángulos según las medidas que se dan.

5. 75°

6. 80°

7. 155°

8. 45°

9. 135°

10. 180°

11. 5°

12. 90°

13. El ángulo da un giro de $\frac{1}{5}$ de círculo. ¿Cuál es la medida del ángulo?

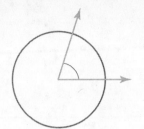

Hay varias maneras de determinar la medida de un ángulo.

---

14. Joanie está haciendo un mapa de los caminos del parque comunitario. Dos de los caminos comienzan en el mismo punto y forman un ángulo de 40°. Usa un transportador para dibujar el ángulo que Joanie usará en su mapa.

15. enVision® STEM Los vatios, los voltios y los amperios se usan para medir la electricidad. Hay una fórmula que muestra la relación entre vatios, voltios y amperios: Voltios × Amperios = Vatios. Si hay 120 voltios y 5 amperios, ¿cuántos vatios hay?

Para **16** a **18**, usa la figura de la derecha.

16. ¿La medida de ∠*COA* es igual a la medida de ∠*EOD*? ¿Cuáles son las medidas?

17. Nombra un ángulo agudo, uno obtuso y uno recto.

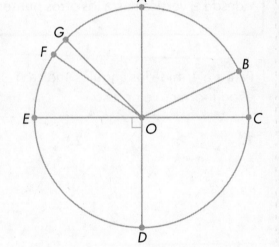

18. Razonamiento de orden superior La medida de ∠*EOF* es 35°. La medida de ∠*FOB* es 120°. ¿Cuál es la medida de ∠*BOC*?

✓ **Práctica para la evaluación**

19. ¿Cuál de los ángulos mide 25°?

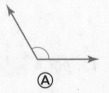

Ⓐ

Ⓑ

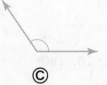

Ⓒ

Ⓓ

Nombre _____

Práctica adicional 15-5
Sumar y restar medidas de ángulos

¡Revisemos!

Suma

∠ADC se descompone en 2 ángulos que no se superponen, ∠BDC y ∠ADB.

Si la medida de ∠ADB es 90° y la medida de ∠BDC es 75°, ¿cuál es la medida de ∠ADC?

$90° + 75° = 165°$

$∠ADC = 165°$

Resta

∠ADC se descompone en 2 ángulos que no se superponen, ∠ADB y ∠BDC.

Si la medida de ∠ADC es 165° y la medida de ∠ADB es 90°, ¿cuál es la medida de ∠BDC?

$165° - 90° = 75°$

$∠BDC = 75°$

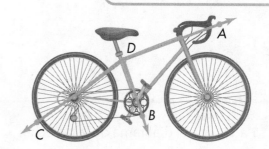

Puedes escribir y resolver ecuaciones de suma y resta para hallar medidas de ángulos desconocidas.

Para 1 a 5, suma o resta para hallar la medida de ángulo que falta.

∠TUW y ∠WUV comparten una semirrecta. Juntos forman ∠TUV.

Una tabla te puede ayudar a ver las relaciones entre los ángulos.

	Medida de ángulo		
	∠TUW	∠WUV	∠TUV
1.	120°	45°	
2.	105°		155°
3.	100°		170°
4.		25°	150°
5.	112°	36°	

Para 6 a 8, escribe y resuelve ecuaciones de suma o resta para hallar la medida de ángulo que falta.

6.

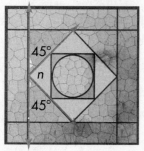

45°
n
45°

7.

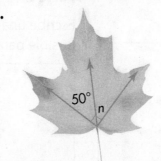

50°
n

8.

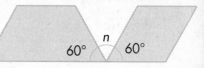

n
60°   60°

9. La Sra. Willer quiere donar 27 latas de alimento a cada uno de 8 bancos de alimentos. Los 23 estudiantes de la clase de la Sra. Willer donaron 9 latas cada uno. ¿Cuántas latas más necesita la Sra. Willer? Explícalo.

10. **Construir argumentos** Dos ángulos agudos que no se superponen y comparten una semirrecta forman un ángulo obtuso. Si uno de los ángulos agudos mide 50°, ¿cuál podría ser la medida del otro ángulo agudo?

Para **11** a **13**, usa el diagrama de la derecha.

11. **Álgebra** Escribe y resuelve una ecuación para hallar la medida de ∠NPO.

12. **Álgebra** ¿Cuál es la medida de ∠SPR si la medida de ∠RPQ es 40°? Escribe y resuelve una ecuación.

13. **Razonamiento de orden superior** ∠NPO y ∠RPQ comparten semirrectas con ∠QPO. ¿Tienen la misma medida ∠NPO y ∠RPQ? ¿Cómo lo sabes?

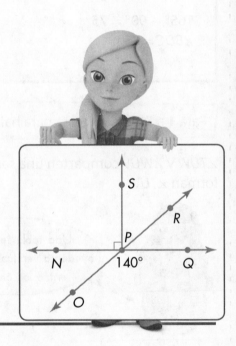

14. ∠CMW y ∠WML forman ∠CML. ∠CMW es un ángulo recto.

Parte A

Describe ∠CML.

Parte B

Escribe una ecuación que muestre una suma posible para ∠CMW y ∠WML.

Nombre _____

¡Revisemos!

Cuando la luz ilumina un espejo, se refleja en el mismo ángulo que lo ilumina. En el siguiente diagrama, ∠ABC mide lo mismo que ∠CBD, donde $\overline{BC}$ forma un ángulo recto con el espejo.

Mide ∠ABC. Luego, escribe y resuelve una ecuación para hallar la medida de ∠DBE.

Indica cómo puedes escoger estratégicamente una herramienta para resolver este problema.

- Puedo decidir qué herramienta es apropiada.

- Puedo explicar por qué es la mejor herramienta para la tarea.

- Puedo usar la herramienta correctamente.

La medida de ∠ABC es 25°. La medida de ∠CBD también es 25° y la suma de ∠CBD y ∠DBE es 90°. Por tanto, $25° + d = 90°$, $d = 90° - 25° = 65°$. La medida de ∠DBE es 65°.

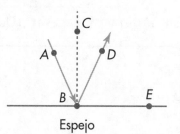

Espejo

Usar herramientas apropiadas

Jason quiere acomodar bloques para un juego. Quiere acomodar los bloques en una matriz para que haya la misma cantidad de filas y columnas. Quiere usar entre 20 y 90 bloques. ¿Cómo puede acomodar los bloques? Usa los Ejercicios 1 y 2 para resolverlo.

1. ¿Qué herramienta puede usar Jason? Explica cómo puede usar la herramienta para hallar al menos una manera de acomodar los bloques.

Cuando usas herramientas apropiadas, consideras las opciones antes de escoger una herramienta.

Herramientas disponibles
Bloques de valor de posición
Tiras de fracciones
Reglas
Papel cuadriculado
Fichas

2. ¿Cuáles son todas las maneras de acomodar los bloques que tiene Jason?

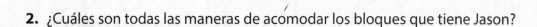

Diseños

Marcus creó el patrón de fichas que se muestra. Todos los ángulos de cada hexágono tienen la misma medida y todos los ángulos de cada triángulo equilátero tienen la misma medida. Halla la medida de cada ángulo.

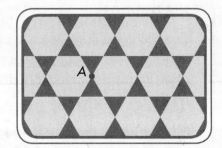

3. **Entender y perseverar** ¿Qué sabes y qué tienes que hallar?

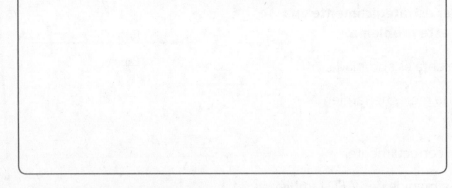

4. **Usar herramientas apropiadas** ¿Qué herramienta puedes usar para medir el ángulo de un hexágono? Explica cómo usar la herramienta que escogiste. ¿Cuál es la medida?

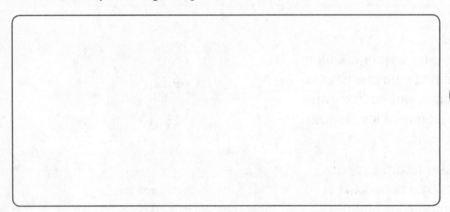

> Cuando usas herramientas apropiadas, usas correctamente la herramienta que escogiste.

5. **Representar con modelos matemáticos** Escribe y resuelve una ecuación que se pueda usar para hallar la medida de un ángulo de un triángulo. ¿Cuál es la medida del ángulo? Explícalo.

196 **Tema 15** | Lección 15-6

Nombre _____

Práctica Herramientas

¡Revisemos!

Puedes usar términos geométricos para describir lo que dibujas.

Rectas paralelas **Rectas intersecantes** **Rectas perpendiculares**

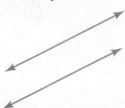  

Las rectas paralelas nunca se intersecan. Las rectas intersecantes pasan por el mismo punto. Las rectas perpendiculares forman ángulos rectos.

Para **1** a **3**, usa términos geométricos para describir lo que se muestra. Sé lo más específico posible.

1.

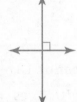

2.

3.

Para **4** a **7**, usa la figura de la derecha.

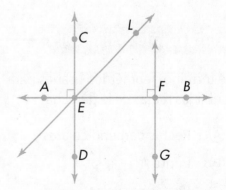

4. Nombra tres rectas diferentes.

5. Nombra un par de rectas paralelas.

6. Nombra dos rectas que sean perpendiculares.

7. Nombra dos rectas intersecantes que no sean perpendiculares.

8. Nombra dos rectas.

9. Nombra dos rectas que sean perpendiculares.

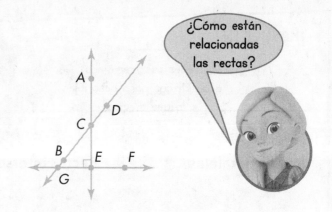

10. Dibuja en el diagrama una recta $\overleftrightarrow{HF}$ que sea paralela a $\overleftrightarrow{AE}$ y perpendicular a $\overleftrightarrow{GF}$.

---

11. (A-Z) **Vocabulario** Dibuja y describe un punto. ¿Qué objeto del mundo real podrías usar como modelo para dibujarlo?

12. **Evaluar el razonamiento** Ali dice que si dos rectas comparten un punto, no pueden ser paralelas. ¿Estás de acuerdo? Explícalo.

---

13. Dibuja y rotula las rectas paralelas $\overleftrightarrow{XY}$ y $\overleftrightarrow{RS}$. Luego, dibuja y rotula la recta $\overleftrightarrow{TS}$ de modo que sea perpendicular a $\overleftrightarrow{XY}$ y $\overleftrightarrow{RS}$. Marca un punto Z sobre $\overleftrightarrow{TS}$.

14. **Razonamiento de orden superior** La recta $\overleftrightarrow{RS}$ es perpendicular a la recta $\overleftrightarrow{TU}$. $\overleftrightarrow{RS}$ es paralela a $\overleftrightarrow{VW}$. ¿Cuál es la relación entre $\overleftrightarrow{TU}$ y $\overleftrightarrow{VW}$? Dibuja rectas si es necesario.

☑ **Práctica para la evaluación**

15. ¿Qué término geométrico usarías para describir las rectas de la derecha?

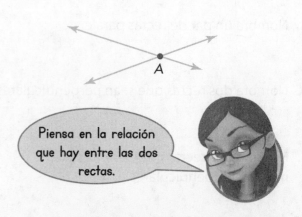

Ⓐ Rectas perpendiculares

Ⓑ Punto A

Ⓒ Rectas paralelas

Ⓓ Rectas intersecantes

Práctica Herramientas

Práctica adicional 16-2
Clasificar triángulos

¡Revisemos!

Los triángulos se pueden clasificar según la medida de sus ángulos, la longitud de sus lados o ambas cosas.

Triángulo equilátero
Todos los lados tienen la misma longitud.

Triángulo isósceles
Al menos dos lados tienen la misma longitud.

Triángulo escaleno
No tiene lados de la misma longitud.

Triángulo rectángulo
Un ángulo es un ángulo recto.

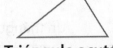

Triángulo acutángulo
Los tres ángulos son ángulos agudos.

Triángulo obtusángulo
Un ángulo es un ángulo obtuso.

Para **1** a **6**, clasifica los triángulos según sus lados y luego, según sus ángulos.

1.

2.

3.

4.
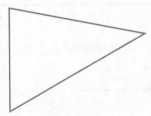

5.
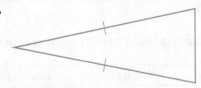

6.
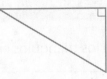

7. Hilary voló de Denver a Atlanta por trabajo. Desde Atlanta, voló hasta Chicago para visitar a su tía. De Chicago, voló de vuelta a su casa en Denver. Clasifica el triángulo que representa el recorrido completo de Hilary.

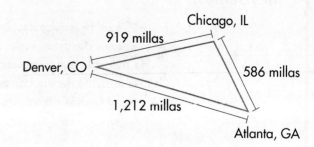

8. ¿Cuál es el perímetro del triángulo formado por el recorrido de Hillary?

---

9. **Álgebra** Un patrón sigue la siguiente regla: acutángulo, obtusángulo, acutángulo, obtusángulo... También sigue esta regla: equilátero, escaleno, equilátero, escaleno... Dibuja el triángulo que será la sexta figura del patrón y explica tu respuesta.

10. **Vocabulario** Completa los espacios en blanco para que las oraciones sean correctas:

Un triángulo _____ no tiene lados de la misma longitud.

Un triángulo que tiene un ángulo de 90° se llama triángulo _____ .

Un triángulo isósceles tiene _____ lados de la misma longitud.

---

11. **Evaluar el razonamiento** Sylvia dice que un triángulo rectángulo puede tener solo un ángulo recto. Joel dice que un triángulo rectángulo puede tener más de un ángulo recto. ¿Quién tiene razón? Explícalo.

12. **Razonamiento de orden superior** Dani midió los ángulos de un triángulo y obtuvo 120°, 36° y 24°. Luego, midió la longitud de los lados y obtuvo 25.3 cm, 17.2 cm y 11.8 cm. Dani dijo que su triángulo era un triángulo obtusángulo isósceles. ¿Estás de acuerdo? Explícalo.

✅ **Práctica para la evaluación**

13. Dibuja los triángulos en la columna que corresponda según la clasificación por lados.

Isósceles	Equilátero	Escaleno

Nombre _____

¡Revisemos!

Los cuadriláteros se pueden clasificar según sus ángulos y sus lados.

Cuadrilátero
Es un polígono de 4 lados.

Rectángulo
Hay cuatro ángulos rectos y lados opuestos que son paralelos.

Paralelogramo
Los lados opuestos son paralelos.

Cuadrado
Hay cuatro ángulos rectos. Todos los lados tienen la misma longitud.

Rombo
Los lados opuestos son paralelos y todos los lados tienen la misma longitud.

Trapecio
Hay solo un par de lados paralelos.

Para 1 a 4, escribe el nombre más específico de los cuadriláteros.

1.

2.

3.

4.

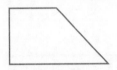

Para 5 a 7, escribe todos los nombres posibles de los cuadriláteros.

5.

6.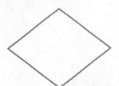

7.

8. La figura de la derecha se llama cubo de Escher. Se llama así por el artista holandés M. C. Escher. Observa las 7 figuras blancas creadas por este dibujo. Identifica las figuras.

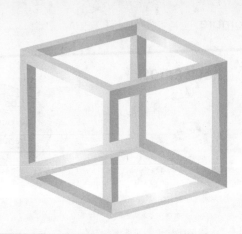

9. El Sr. Meyer dibujó una figura en el pizarrón. La figura tiene 4 lados de la misma longitud y 4 ángulos rectos. Haz una lista con todos los nombres posibles para describir la figura que dibujó el Sr. Meyer.

10. Generalizar ¿Por qué un cuadrado nunca puede ser un trapecio?

11. Rick dibujó un rombo. ¿Qué nombres podrían describir la figura según lo que sabes sobre los cuadriláteros? Explícalo.

12. Razonamiento de orden superior Hannah tiene 11 palillos de dientes que tienen la misma longitud. Nombra los diferentes tipos de triángulos y cuadriláteros que puede hacer Hannah si usa un solo palillo para cada lado de cada figura.

☑ **Práctica para la evaluación**

13. ¿Es verdadero el siguiente enunciado? Escribe una explicación sobre cómo clasificarías la figura.

Un cuadrilátero tiene 4 ángulos rectos; por tanto, es un cuadrado.

Piensa en qué tipos de cuadrilátero tienen 4 ángulos rectos.

Nombre _____

Práctica Herramientas

Práctica adicional 16-4
Simetría axial

¡Revisemos!

Las figuras axialmente simétricas son figuras que, al doblarse, forman partes que coinciden.

¿Cuántos ejes de simetría tiene un cuadrado?

Si doblas el cuadrado sobre cualquiera de las 4 líneas punteadas, las dos partes coincidirán exactamente una sobre la otra.

Un cuadrado tiene 4 ejes de simetría. Es una figura axialmente simétrica.

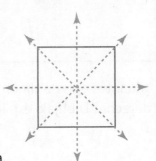

Para 1 a 4, indica si las líneas son ejes de simetría.

1.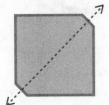

2.

3.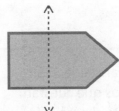

4.

Para 5 a 12, decide si las figuras son axialmente simétricas. Traza los ejes de simetría de las figuras e indica cuántos son.

5.

6.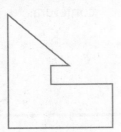

7.

8.

9.

10.

11.

12.

En línea | SavvasRealize.com   **Tema 16** | Lección 16-4   **203**

13. Construir argumentos ¿Cuántos ejes de simetría tiene un triángulo escaleno? Explícalo.

14. Razonar ¿Puede un triángulo isósceles tener tres ejes de simetría? Explícalo.

---

15. ¿Cuántos ejes de simetría tiene la rueda de carreta de la derecha? Dibuja o explica dónde están los ejes de simetría.

---

16. Sentido numérico Stuart tiene $23.75. Quiere comprar 2 boletos que cuestan $15.75 cada uno. ¿Cuánto dinero más necesita? Usa monedas y billetes para resolver el problema.

17. Razonamiento de orden superior
Los polígonos regulares tienen todos los lados de la misma longitud y todos los ángulos de la misma medida. Un pentágono regular tiene 5 ejes de simetría y un hexágono regular tiene 6 ejes de simetría. Haz una conjetura sobre la cantidad de ejes de simetría que tiene un octágono regular. Dibuja un octágono regular para apoyar tu conjetura.

✅ Práctica para la evaluación

18. ¿Cuál de los siguientes números tiene exactamente 2 ejes de simetría?

- Ⓐ 1
- Ⓑ 3
- Ⓒ 7
- Ⓓ 8

19. ¿Cuál de las siguientes letras **NO** es axialmente simétrica?

- Ⓐ W
- Ⓑ T
- Ⓒ S
- Ⓓ A

Práctica Herramientas

Práctica adicional 16-5
Dibujar figuras que tengan simetría axial

¡Revisemos!

Puedes usar papel punteado para dibujar figuras axialmente simétricas.

Cómo dibujar una figura axialmente simétrica:

Paso 1

Dibuja una figura en papel punteado.

Paso 2

Traza un eje de simetría.

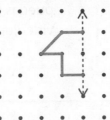

Paso 3

Completa la figura del lado opuesto al eje de simetría.

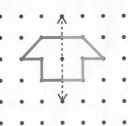

Para **1** a **6**, usa el eje de simetría para dibujar figuras axialmente simétricas.

1.

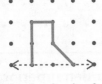

2.

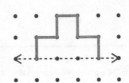

3.

4.

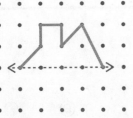

5.

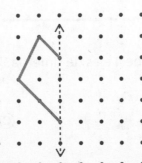

6.

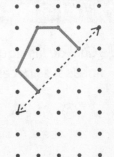

7. Dibuja un cuadrilátero que no tenga ejes de simetría.

8. Dibuja un cuadrilátero que tenga exactamente 2 ejes de simetría.

9. En cada casillero del vestuario de un gimnasio caben hasta 7 toallas dobladas. Katie tiene que doblar y guardar 150 toallas. ¿Cuántos casilleros se llenarán? ¿Cuántas toallas habrá en el casillero que no está lleno?

10. Representar con modelos matemáticos James gastó $175 en accesorios para su consola de videojuegos. Gastó $15 en un cable eléctrico nuevo y el resto de su dinero en 5 videojuegos. Cada videojuego costó la misma cantidad. Escribe ecuaciones que puedas usar para hallar c, el costo de cada videojuego.

11. Crea una figura axialmente simétrica. Dibuja la mitad de la figura. Luego, traza un eje de simetría. Completa la figura del lado opuesto al eje de simetría.

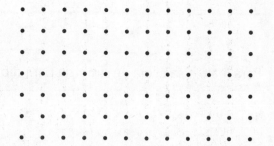

12. 🔤 **Vocabulario** Describe la diferencia entre *rectas paralelas* y *rectas intersecantes*.

13. Razonamiento de orden superior Dibuja una figura que no sea un cuadrilátero y que tenga dos ejes de simetría, uno horizontal y uno vertical.

☑ **Práctica para la evaluación**

14. ¿Cuál de las siguientes figuras tiene 4 ejes de simetría? Traza líneas si es necesario.

Ⓐ

Ⓑ

Ⓒ

Ⓓ

Nombre _____

Práctica Herramientas

¡Revisemos!

Alisha dijo que todos los triángulos obtusángulos tienen ángulos agudos porque no se puede dibujar un triángulo obtusángulo con tres ángulos obtusos. Evalúa el razonamiento de Alisha.

Indica cómo puedes evaluar el razonamiento de otros.

- Puedo buscar errores en el razonamiento.

- Puedo decidir si se consideraron todos los casos.

Cuando evalúas el razonamiento, debes considerar atentamente todas las partes del argumento.

Decide si piensas que el razonamiento de Alisha es verdadero. Luego, explica por qué.

Alisha tiene razón. Todos los triángulos obtusángulos tienen un ángulo obtuso que mide más de 90°. Los ángulos restantes son agudos. Un triángulo obtusángulo no puede tener un ángulo recto.

Evaluar el razonamiento

Ronnie dijo que si todos los lados de un polígono tienen la misma longitud, entonces todos los ángulos tendrán la misma medida. Ronnie dibujó las figuras de la derecha.

1. Describe al menos una cosa que podrías hacer para evaluar el razonamiento de Ronnie.

2. ¿Tiene sentido el razonamiento de Ronnie? Explícalo.

Rachel dijo que la suma de tres números impares siempre es un número impar. Dio los ejemplos que se muestran.

3. Describe al menos una cosa que podrías hacer para evaluar el razonamiento de Rachel.

Rachel

$5 + 3 + 7 = 15$

$21 + 33 + 45 = 99$

$127 + 901 + 65 = 1,093$

4. ¿Tiene sentido el razonamiento de Rachel?

Diseño de logotipos

Tamara debe diseñar un logotipo para el club de escritura.
El logotipo debe ser un triángulo escaleno. Tamara razona
sobre cómo debe dibujar el logotipo. Evalúa el razonamiento
de Tamara.

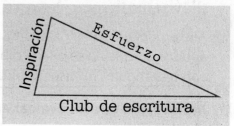

5. Entender y perseverar ¿Qué sabes y qué tienes que hacer?

Razonamiento de Tamara
Un triángulo escaleno tiene 3
lados de longitudes diferentes.
Todos los ángulos son ángulos
agudos porque no se puede
dibujar un triángulo con 3
ángulos rectos diferentes o 3
ángulos obtusos diferentes.

6. Evaluar el razonamiento Evalúa el razonamiento de
Tamara. ¿Qué puedes hacer para mejorar su razonamiento?

Cuando evalúas el
razonamiento, lees con atención
el argumento de otra persona.

7. Usar la estructura ¿Puede Tamara dibujar un ángulo
escaleno con simetría axial? Explícalo.

enVision Matemáticas

Fotografías

Every effort has been made to secure permission and provide appropriate credit for photographic material. The publisher deeply regrets any omission and pledges to correct errors called to its attention in subsequent editions.

Unless otherwise acknowledged, all photographs are the property of Savvas Learning Company LLC.

Photo locators denoted as follows: Top (T), Center (C), Bottom (B), Left (L), Right (R), Background (Bkgd)